LIDERANÇA & PERFORMANCE

A ARTE DA LIDERANÇA EFICAZ

EDITORA
CHAVE MESTRA®

EDITORA
CHAVE MESTRA

Título original em português:
Liderança & performance: a arte
da liderança eficaz

Direção editorial: Raquel Medeiros
Coordenação editorial: Bartira Costa Neves
Assistente editorial: Amanda Oliveira e Eloiza Andrade
Revisão: Gabriel Michelazzo
Projeto gráfico e diagramação: Daniel Marchesani
Branding de capa: Izzo Medeiros

O conteúdo desta obra é de total responsabilidade dos autores e não reflete necessariamente a opinião da editora.

Dados Internacionais de Catalogação na Publicação (CIP)

Vale, Rogério (Organizador)
V149 Liderança & Performance: a arte da liderança eficaz / Rogério Vale (Org.) – Barueri, SP: Chave Mestra Editora, 2024. 288 p. : 16 x 23 cm

ISBN 978-65-5496-008-3

1. Negócios. 2. Finanças. 3. Desenvolvimento pessoal. 4. Liderança. 5. Sucesso nos negócios. 6. Finanças pessoais. I. Título.

CDD 158.1

SUMÁRIO

APRESENTAÇÃO

Liderança e performance, é uma coletânea de *insights* e experiências de homens e mulheres especialistas nos temas abordados nesta obra. Cada autor traz uma perspectiva única, mas todos compartilham um objetivo comum: desvendar os segredos da liderança eficaz e do alto desempenho. A obra é prática, direta e focada em oferecer estratégias para desafios enfrentados por líderes em todas as áreas.

Este livro tem dois propósitos: primeiro, visa equipar líderes iniciantes e estabelecidos no mercado com o conhecimento e as ferramentas necessárias para navegar no complexo mundo da liderança; segundo, busca inspirar todos os leitores a refletirem sobre a própria abordagem de liderança, incentivando-os a adotar práticas que não apenas elevem sua performance, como também a de suas equipes.

A liderança eficaz vai além da capacidade de inspirar outros. Envolve a compreensão profunda de como gerir pessoas, processos e tecnologia para alcançar resultados excepcionais. *Liderança e performance* aborda desde a construção de uma cultura de alto desempenho até a importância da resiliência e da adaptabilidade em tempos de mudança. Também fornece orientações claras sobre como tomar decisões estratégicas, comunicar-se de maneira eficaz e desenvolver equipes que estejam alinhadas e comprometidas com a visão da organização.

Cada capítulo é uma fonte de sabedoria prática, com lições aprendidas na linha de frente da liderança. Os autores compartilham suas falhas e seus sucessos, que proporcionam *insights* valiosos ao leitor, sem que ele precise passar pelos mesmos obstáculos. Esta leitura é um recurso para aqueles que querem liderar de maneira mais eficaz e criar um ambiente de inovação, excelência e satisfação no trabalho.

A missão de um líder delineada neste livro é clara: desenvolver capacidades para enfrentar desafios complexos, capacitar e motivar equipes e conduzir organizações a novos patamares de sucesso. A performance de uma equipe reflete diretamente a qualidade de sua liderança, por isso, esta obra mostra a importância de uma liderança que não está focada apenas em resultados, mas também no desenvolvimento humano e profissional contínuo.

Liderança e performance não é uma coleção de teorias, e sim guia prático para ser utilizado, consultado e aplicado sempre que surgirem novos desafios e oportunidades. Seja você um líder em um *startup*, um gestor em uma grande corporação, ou alguém que aspira a posições de liderança, este livro será uma fonte de conhecimento e inspiração.

Convido você a mergulhar nestas páginas com a mente aberta e o coração pronto para aprender. A liderança é uma jornada, não um destino. E este livro é um passo importante nessa jornada para você ter as ferramentas e a confiança necessárias para se tornar o líder que deseja ser e que sua equipe merece.

Rogério Vale
CEO da Editora Chave Mestra e do Instituto de Desenvolvimento Comportamental Brasil e Portugal

EDITORA CHAVE MESTRA®

IDEC | INSTITUTO DE DESENVOLVIMENTO COMPORTAMENTAL

ALCEMIR CUNHA

Sou Alcemir Cunha, carioca e resido em Manaus/AM. Casado há 33 anos com minha esposa Desonis, tenho dois filhos: Guilherme e Morija, e meu netinho Miguel, uma dádiva e presente de Deus.

Sou oficial veterano do Exército Brasileiro, onde servi por 30 anos. Tenho formação e especialização em Administração de Empresa e Educação Física e mestrado na área militar. *Master Coach* e *Practitioner* em PNL. Fui gerente regional na multinacional Prosegur Brasil e superintendente do Ibama. Atualmente, atuo em uma empresa familiar no ramo de alimentação ao lado de mais de 60 colaboradores. Desafios fizeram parte da minha trajetória desde cedo, seja na vida militar, seja no mundo dos negócios. Nosso lema: "Vamos vencer".

institutovamosvencer

alcemircunhaam@gmail.com

LIDERANÇA & PERFORMANCE

01 LIDERANÇA QUE VEM DE DENTRO

Por Alcemir Cunha

Autoconhecimento e liderança autêntica

A falta de autoconsciência e principalmente autoconhecimento por parte de muitos líderes, assim como, sua autenticidade, faz com que muitos deles enfrentem desafios significativos no seu desempenho. A incapacidade de entender suas próprias emoções, forças e fraquezas pode levar a decisões mal fundamentadas e uma comunicação ineficaz. A falta de autenticidade pode acarretar numa liderança desprovida de empatia e confiança, afetando negativamente o sentimento de cooperação, motivação e engajamento do time.

Geralmente, essas falhas decorrem de uma falta de reflexão pessoal e profissional.

Muitos líderes se concentram exclusivamente em habilidades técnicas e resultados, negligenciando o desenvolvimento pessoal e emocional. Essa deficiência impede uma compreensão profunda de si mesmo, e consequentemente, de como seus comportamentos e decisões impactam os outros. Dessa forma, cria-se um ambiente de trabalho tóxico, com níveis baixos de motivação. A liderança tende a ser vista como a dona da verdade e a que sempre toma as melhores decisões. Esse cenário de pensamento e comportamento unilateral, com o tempo, conduz a um descrédito e falta de sinergia dentro da equipe. A partir daí, muitos colaboradores, motivados pelo medo, tendem a adaptar seus perfis apenas para não contrariarem o líder e perderem sua oportunidade de trabalho, e dessa maneira, perdendo até mesmo sua autenticidade como profissional.

No entanto, investir tempo em autoanálise e feedback pode ser uma excelente estratégia. É bem comum e confortável dar feedback, mas pouco comum ver líderes aceitarem recebê-lo. Muitos não têm a maturidade suficiente para enxergar que, assim como todos os membros da sua equipe, também precisam compreender suas fraquezas e fortalezas e enxergar seus limites e sua capacidade produtiva. Só através do autoconhecimento é que poderemos criar a autoconsciência tão necessária para um processo de mudança. A autoconsciência é a "chave" para o início de qualquer mudança. Ouvir seus superiores, pares, amigos e colaboradores serão valiosas ferramentas.

Outros canais também podem ajudar nesse processo: a participação em programas de *coaching,* mentoria, *workshops,* leitura de biografias de líderes renomados do passado e presente, e até mesmo, a realização de avaliações de perfil comportamental, como por exemplo, o "DISC", mundialmente conhecido.

A ação eficaz da liderança envolve aplicar o autoconhecimento na tomada de decisões, sejam elas rotineiras ou em cenários de crise, ressaltando sempre uma comunicação transparente e honesta. Demonstrar vulnerabilidade de maneira apropriada e equilibrada, admitindo erros e aprendendo com eles. Alinhar valores e crenças às suas ações, evidencia o autoconhecimento e autenticidade de um líder de alta performance.

A "liderança que vem de dentro" significa entender que: a sabedoria do líder consiste em, primeiro, conhecer e liderar a si mesmo para, depois, conhecer e liderar outros. Líderes que se dedicam ao autoconhecimento e liderança autêntica aprimoram suas competências como líder, de forma a cultivarem ambientes de trabalho saudáveis, confiantes e cooperativos.

Resiliência e gestão emocional na liderança

É muito comum, ver líderes com baixa resiliência e gestão emocional enfrentando problemas na sua gestão. Eles podem reagir de forma exagerada ou descontrolada sob pressão, tomar decisões precipitadas e até mesmo contribuir para um ambiente de trabalho tenso. Essa falta de autocontrole pode levar a decisões inoportunas e a uma comunicação conflitante e ineficaz e servir como um mau exemplo a ser seguido.

A falta de autoconhecimento, incapacidade de lidar com o estresse e a ausência de técnicas de gestão emocional, são algumas das causas desse cenário. Assim, líderes que não reconhecem suas próprias emoções e sentimentos, tendem a um descontrole prematuro, comprometendo o clima organizacional. Resiliência e controle emocional são parâmetros indispensáveis para a liderança e para os resultados. É preciso compreender que dias nebulosos e crises sempre farão parte do processo. Como enxergar e tratar esses momentos é que farão a diferença.

Desanimar frente as turbulências é uma solução simples e cômoda; enfrentá-las com sabedoria é o que identifica um líder de alta performance. Assim, conhecer suas emoções e reações, são *feedbacks* que levam ao aprimoramento da liderança.

Criar o hábito da meditação e relaxamento pode contribuir nesse processo. São práticas que podem ser disseminadas no dia a dia. Muitas empresas investem em programas de treinamento físico para seus colaboradores de forma preventiva, evitando gastos maiores com afastamentos e tratamentos médicos. Além disso, o líder pode buscar inspiração em modelos que demonstram forte resiliência e equilíbrio emocional. Biografias de líderes influentes e estudos de caso podem ser muito significativos. Debater com a equipe experiências do dia a dia, pode ser enriquecedor para o desenvolvimento da gestão emocional e da resiliência de todos. Além de fortalecer a comunicação e padronizar procedimentos e condutas frente as adversidades.

Essas são algumas estratégias que os líderes podem adotar para fortalecer sua resiliência e melhorar a gestão emocional, resultando em uma liderança mais eficaz e um ambiente de trabalho mais saudável e equilibrado.

Liderança pelo exemplo

Não é raro encontrar líderes que não praticam o que dizem, suas palavras são incongruentes com suas ações. Não há alinhamento dos seus pensamentos e ações com suas crenças e valores. O que além de desgastar sua imagem como líder, termina por alimentar a falta de confiança junto ao time. O líder está em constante observação, seu papel de líder significa estar no palco a todo instante. “A palavra induz, o exemplo conduz”, uma afirmação muito utilizada no meio militar, que retrata a importância da liderança pelo exemplo.

Para melhorar nesse aspecto, líderes devem alinhar suas ações com seus valores e as expectativas da equipe. Podem ainda se inspirar em figuras de líderes renomados, reconhecidos por sua capacidade de liderar pelo exemplo, seja em cenários de normalidade ou de crise.

Estar junto, reconhecendo de perto o trabalho de cada um dos seus liderados, suas dificuldades nas atividades desenvolvidas, independentemente do horário, local ou circunstância. Entender que são as pequenas coisas que fazem a diferença e que nos faz ser lembrados, pode ser muito valioso. As pessoas precisam de atenção, e a maneira mais eficaz de fazer isso, é estando presente. Presença não apenas para cobrar, e sim, para compartilhar as dificuldades e *insights* de solução. O líder compartilha junto momentos de alegria e derrotas temporárias. O líder diz "nós", e não "eu" ou "você".

Seja aberto e transparente nas suas ações e decisões, mostrando como elas refletem os valores da equipe e da organização. Invista em seu próprio crescimento para aprimorar suas habilidades técnicas e comportamentais. Mostre que você entende e se preocupa com os desafios enfrentados pela equipe.

Reconheça e celebre as conquistas, não importa se grandes ou pequenas, isso irá fortalecer cada liderado, a equipe e o espírito de corpo do time.

Liderar pelo exemplo é um poderoso instrumento de liderança. Quando líderes agem de forma alinhada aos seus discursos, eles não apenas ganham a confiança, mas criam um grande "círculo de segurança", estabelecendo um modelo positivo a ser seguido, fortalecendo a cultura organizacional e o desempenho.

Aprendizado e melhoria contínua

Negligenciar o aprendizado e melhoria contínua pode tornar uma liderança obsoleta em suas práticas e estratégias. Isso pode levar à estagnação, tanto pessoal quanto organizacional, conduzindo à incapacidade de adaptar-se a novas tendências e desafios do mercado.

Essa deficiência muitas vezes decorre da falta de autoconhecimento por parte do líder. De uma mentalidade estacionada na "zona de conforto", da falta de tempo ou recursos. Alguns líderes podem sentir que já alcançaram um desempenho suficiente e, consequentemente, param de investir em novas oportunidades de aprendizado.

A falta de desenvolvimento contínuo pode resultar em perda de competitividade, diminuição da criatividade e inovação, levando ao desengajamento da equipe e criando uma desconexão entre a liderança e as necessidades atuais da equipe e da organização. Lembrando que o cenário atual do mundo dos negócios é altamente dinâmico e competitivo, exigindo atenção plena ao autodesenvolvimento.

Dessa forma, líderes devem criar um plano de desenvolvimento pessoal que inclua objetivos de aprendizado específicos. Estar com pessoas de boa influência, participar de cursos, treinamentos, *workshops* e conferências, são excelentes ferramentas para se manter atualizado.

Estar atento ao conhecido CHA da competência, pode trazer boas transformações. Esse acrônimo significa: o C do conhecimento, o "saber" sobre algo, o embasamento teórico, o H das habilidades técnicas e comportamentais, o "saber fazer", ter a prática e experiência vivida, e por fim, o A da atitude, que representa o "querer fazer". O aprimoramento dessas competências certamente trará ganhos significativos para o desenvolvimento da liderança.

Desenvolver uma mentalidade de crescimento e comprometer-se com a melhoria e aprendizado contínuo, são passos fundamentais para manter a eficácia e relevância na liderança. Ao fazer isso, os líderes não apenas melhoram suas próprias competências, mas também inspiram suas equipes a buscar o crescimento e a inovação, criando um ambiente dinâmico, progressivo e mais produtivo.

A sabedoria do líder consiste em, primeiro, conhecer e liderar a si mesmo para, depois, conhecer e liderar outros.

Alcemir Cunha

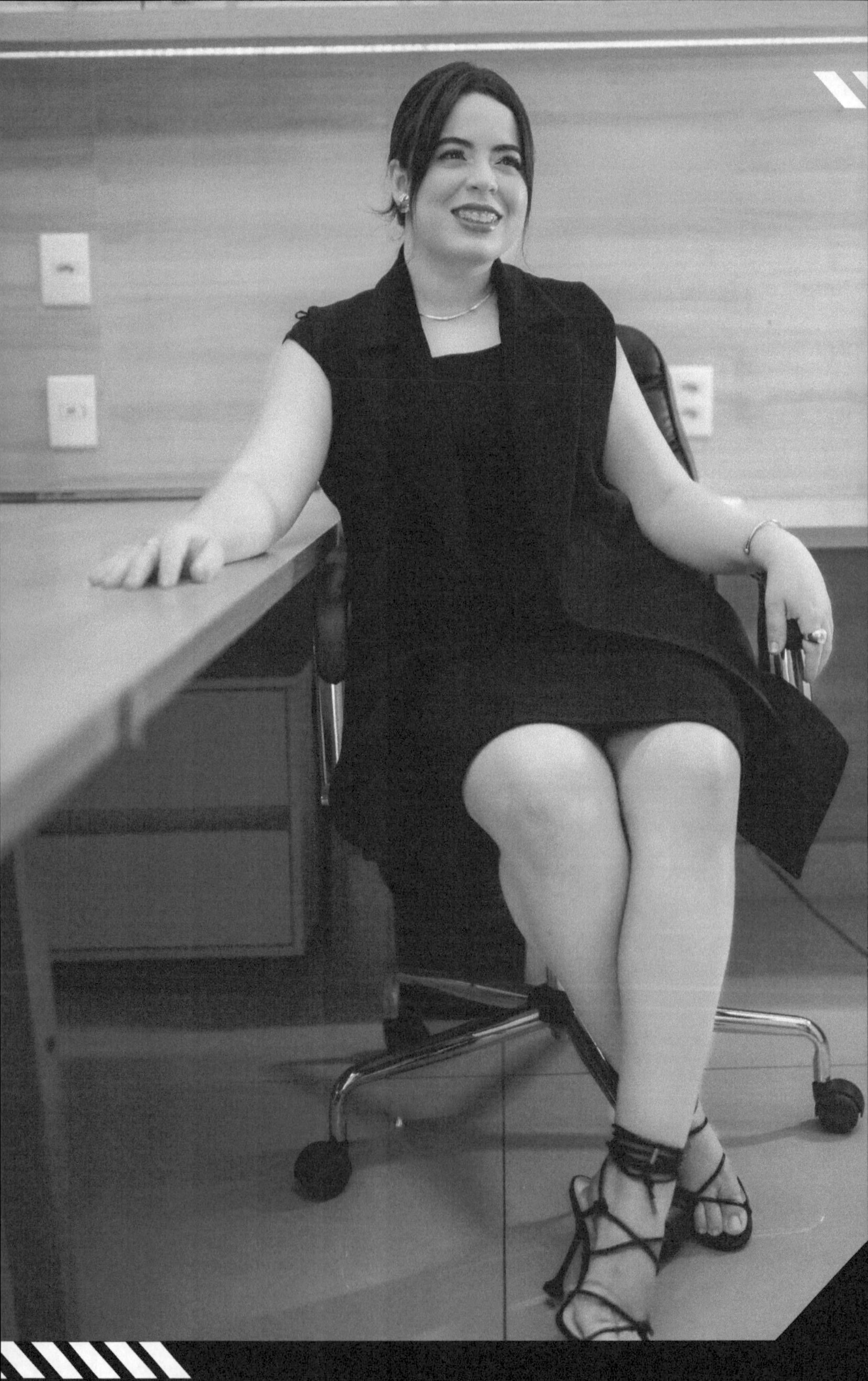

ALLINY ARAÚJO

Sou Alliny Araújo, 32 anos, casada há quase 12 anos e mãe da Ana Júlia.

Nasci e resido em Fortaleza/CE. Trabalho desde os 16 anos de idade, tenho formação em Engenharia Mecânica pela Unifor e especialização em Gestão de Pessoas com ênfase em Liderança e Inovação pela FGV. Tive grandes oportunidades profissionais atuando com gestão de pessoas e como diretora executiva e financeira por vários anos. Sou apaixonada por ler e, nos últimos 5 anos, tenho me dedicado a estudar sobre comportamento e desenvolvimento humano, além de pesquisar sobre quais características grandes líderes precisam ter para obterem êxito em seu papel. O que antes era só um *hobby* se tornou um propósito: compreender os comportamentos fundamentais para pessoas se tornarem bem-sucedidas e memoráveis.

allinyaraujo1

mentoria.allinyaraujo@gmail.com

LIDERANÇA E PERFORMANCE

02 CONSTRUINDO CULTURAS ORGANIZACIONAIS FORTES

Por Alliny Araújo

A primeira vez que ouvi falar sobre cultura organizacional, foi quando eu estava cursando a disciplina de empreendedorismo no curso técnico que fiz no Instituto Federal do Ceará – IFCE. Eu não fazia ideia da importância desse conceito e como ele seria tão presente na minha vida dali para frente. Minha deficiência acerca desse assunto foi revelada quando precisei abrir uma empresa fictícia e, para isso, era necessário construir os valores e princípios da organização. Eu era jovem, tinha 16 anos e confesso que, se eu não tinha parado para pensar nem sequer nos meus valores, como eu iria criar uma base de comportamento que seria seguido por centenas de pessoas? Mesmo que de forma teórica, fui forçada a pensar como deveria ser a conduta aceitável dentro da empresa que eu estava criando. Descobri que a cultura de uma organização representa uma identidade, um conjunto de hábitos a ser seguido, a coleção de valores que orientam como proceder diante das situações do dia a dia e, principalmente, nas situações adversas.

As pessoas não costumam definir os seus valores e princípios, às vezes por falta de conhecimento quanto aos impactos, outras vezes por falta de maturidade. E mesmo quando conseguem ter clareza quanto a isso, cada indivíduo estabelece seus pilares a partir do seu próprio mapa de mundo. Não se trata apenas do que é certo ou errado, mas do que deve ser seguido naquele ambiente.

Dentro de uma organização, deve existir uma estrutura norteadora e faz-se necessário que os líderes transformem esses hábitos em uma cultura. Não deve haver dúvida sobre que conduta é aceitável, e isso começa pelo exemplo do topo da hierarquia organizacional, ou seja, pelo exemplo dos líderes.

O estabelecimento da missão, visão e valores é o início dessa jornada. A clareza desse norteamento deve ser apresentada desde as boas-vindas do colaborador na empresa, através do *onbording*, com uma experiência impactante e memorável nos primeiros dias do indivíduo na empresa, e com alinhamento de expectativas, tanto do colaborador quanto do empregador. Nas reuniões e treinamentos, essas expectativas devem ser reforçadas. Quadros informativos e indicadores de desempenho são elementos que contribuem para instalar nas mentes dos colaboradores o que os gestores esperam de suas performances. O padrão dos processos também é uma ferramenta utilizada para a garantia da qualidade e obtenção de resultados expectados. Rotinas de trabalho podem ser adotadas para direcionar o comportamento.

O uso de processos padrões pode auxiliar nessa tarefa de conduzir os colaboradores, pois torna impessoal a forma como as coisas devem ser feitas e ajuda o líder a estabelecer as rotinas, uma vez que não é a maneira que "quero" executar, mas, sim, a metodologia que a empresa adotou para garantir a qualidade dos seus serviços e produtos. É comum adotar livros de consulta de procedimentos, manual de condutas éticas, auditorias internas e externas, treinamentos, reuniões, palestras e consultorias.

Um livro de procedimentos é um recurso para detalhar o passo a passo de cada função/cargo. Algumas empresas descrevem essas atividades de forma genérica e superficial no plano de cargos e salários. Um livro detalhado é mais utilizado quando a empresa possui norma ISO 9001, por exemplo, e exige rigor na realização das atividades. Já o manual de condutas éticas serve para educar os colaboradores quanto às políticas de conformidade. Para a garantia de que as operações estão sendo executadas com exatidão, ocorrem as auditorias. Auditorias internas podem ser realizadas com colaboradores treinados pela própria empresa e auditorias externas realizadas por um profissional externo qualificado que, por sua vez, atesta se a empresa é digna do selo de qualidade, muito aplicado em fábricas e indústria de produtos.

Treinamentos e reuniões também auxiliam na realização das tarefas do dia a dia, com direcionamentos de como realizar até que essas atividades virem um hábito, além de demonstrar os recursos necessários para a execução delas. Bastante utilizado em empresas de serviço, quando os colaboradores têm contato direto com os clientes e precisam estar atentos quanto a sua conduta.

Já as palestras e consultorias externas, são artifícios mais comumente adotados para conduzir de maneira sutil costumes que precisam ser alinhados, como a maneira de se vestir e de falar. Estão mais relacionadas aos colaboradores que têm acesso aos clientes ou que precisam se expor nas mídias.

Um outro recurso para conduzir indivíduos ainda não alinhados com a cultura da empresa, é colocá-los sob a supervisão de um colaborador anjo. A seleção desse "supervisor" seria de acordo com o grau de experiência dentro do cargo/empresa e maturidade no seu comportamento, uma vez que se trata de uma função temporária.

O estabelecimento de uma cultura forte se promove também por divulgar nas mídias esse conjunto de condutas e atrair os talentos que emanam uma mesma frequência de pensamento e de comportamento. Através das campanhas, redes sociais da empresa, sites, entre outros, é possível disseminar os costumes, regras e protocolos da empresa. Dessa forma, mesmo aqueles que são novos, já entram engajados com a proposta convencionada entre os proprietários e gestores da organização.

A adoção dessa cultura se estende para os parceiros, fornecedores e clientes, uma vez que o impacto do não cumprimento desses princípios, principalmente no que diz respeitos aos códigos éticos e preocupação ambiental, pode prejudicar a imagem da empresa diante da comunidade por se vincular a terceiros que não conduzem suas práticas alinhadas ao comprometimento com a boa gestão, com o ambiente e com a sociedade.

Na contratação de pessoal, tem-se dois tipos de funcionário: o sem experiência profissional, que significa que veio com uma mente limpa de operações e ali ele irá iniciar sua jornada, e o indivíduo que já trabalhou em outras empresas. Esse segundo, pode vir dotado de caminhos de "como fazer as coisas". Esse fator pode ser positivo, para o caso de enriquecer a cultura da empresa que ele acabou de ingressar. Mas, por outro lado, o gestor deve ter atenção quanto aos vícios de operação. Para agregar o máximo de elementos positivos nessa nova contratação, o gestor precisa estar atento aos processos que podem ser agregados e que podem complementar os procedimentos já existentes. Quanto aos processos que diferem da conduta aceitável, sutilmente devem ser substituídos, através da apresentação do que é mais adequado e plausível, e reforçados através de treinamentos.

Uma boa prática na empresa é que os gestores sejam transparentes quanto às possibilidades de crescimento através do atendimento às expectativas e aumento da capacidade do colaborador. A performance do indivíduo tem relação direta com ele se enxergar progredindo na empresa, ou seja, a visão de futuro pode impactar na entrega de energia no desempenhar de suas atividades.

A cultura organizacional não deve ser limitada às condutas profissionais. E, para isso, faz-se necessário a presença inspiradora e exemplar da liderança. Existe uma característica no ser humano que o induz a copiar comportamentos na intenção de economizar energia e garantir a sobrevivência. Utilizando dessa ferramenta, o líder pode conduzir e ensinar também comportamentos individuais para seus colaboradores. Através de encontros fora do ambiente de trabalho, o líder pode conhecer melhor seus liderados, seja por meio de eventos comemorativos, confraternizações e até mesmo *happy hour*.

Nos momentos de descontração, as pessoas costumam revelar seus gostos e preferências pessoais e, pelo exercício da influência e inspiração, o líder pode motivar comportamentos mais adequados e aceitáveis de acordo com o próprio conjunto de valores e princípios. É comum que o gestor vire uma referência de uma posição futura que o colaborador almeja alcançar e por isso seus comportamentos tornam-se um exemplo tão forte a ser seguido. Além disso, um sentimento de admiração pode despertar complacência.

Reforço como é importante o relacionamento saudável entre os coordenadores e seus coordenados, pois se essa relação for desagradável, pode causar o efeito contrário ao desejado. O líder deve assumir o papel de inspirador e ser o exemplo para seus liderados. Mostrar na prática porque ocupa essa posição e ter uma personalidade agradável, buscar ser respeitado e admirado. Deve demonstrar entusiasmos e energia pela realização da sua função; de outra forma, como transmitiria o contentamento em seu ofício?

Mas afinal, que comportamentos podem ser considerados bons exemplos para se estabelecer dentro de uma cultura? Citarei alguns, mas peço que não se limite a eles: comunicação clara e não violenta, empatia, autorresponsabilidade, o cuidado com o meio ambiente, inovação constante, ouvidoria para melhoria nos processos, celebração e reconhecimentos quanto à performance, estímulo ao crescimento profissional, retenção de talentos etc.

Lembre-se de que **sua conduta diante das pessoas é um parâmetro do que você aceita, assim como seu consentimento quanto ao comportamento dos outros**. Quando alguém faz uma proposta indecente para você, certamente em algum momento você sugestionou que aquela ação era cabível, mesmo que de forma inconsciente.

Diante desse entendimento, convido você a ser mais intencional, a selecionar com critério o conjunto de ações que construirão a cultura que você deseja estabelecer na sua empresa, na sua casa, na sua comunidade. De que forma você deseja impactar a vida das pessoas? Em que área da vida você quer ser inspirador?

Tarefa:

Que cultura você precisa construir na sua empresa para melhorar o comportamento dos seus colaboradores e obter mais resultados? Reflita sobre em quais atitudes você quer ser o exemplo para outras pessoas.

Escolha pelo menos três hábitos intencionais que você aplicará para inspirar outras pessoas.

Sua conduta diante das pessoas é um parâmetro do que você aceita, assim como seu consentimento quanto ao comportamento dos outros.

Alliny Araújo

AMANDA CARVALHO

Meu nome é Amanda Thaís Gonçalves Vicente de Carvalho e tenho 33 anos. Sou natural de Limeira/SP. Casada com o Thiago C. de Carvalho há 10 anos, temos construído uma jornada maravilhosa juntos.

Minha formação é em Administração, possuo especialização na área de Auditoria e Controladoria e Gestão Estratégica de Pessoas. Recentemente concluí o mestrado em Tecnologias Emergentes da Educação.

Após mais de 12 anos atuando na área de gestão, resolvi retomar meu objetivo. Em 2018, comecei a atuar como consultora na área de gestão de pessoas e, em 2022, uni a minha experiência à expertise da franquia da LeaderRH, uma empresa especializada em gestão de pessoas.

Atuo como professora da área de gestão e recursos humanos desde 2015, atualmente faço parte do corpo docente da Fatec Araras. Abaixo, seguem minhas redes de contato. Nos vemos por lá!

amandagv.carvalho

leaderrhlimeira

limeira@leaderrh.com.br

(19) 99630-9404

03 DESENVOLVIMENTO DE TIMES DE ALTA PERFOMANCE E *COACHING*

Por Amanda Carvalho

O líder pode ser definido como uma pessoa que delega ou influencia pessoas a agirem de acordo com objetivos específicos. Desenvolve importante papel em qualquer tipo de ambiente, especialmente quando tratamos de ambientes corporativos e organizacionais.

A liderança é uma influência sócia no processo em que o líder procura participar com a equipe em um esforço para alcançar os objetivos da organização. É possível mensurar a eficácia da liderança e o papel de liderança e sua influência no desempenho. A projeção desse processo não está relacionada aos registros de desempenho passados, mas associado a uma maior potencialidade de desempenho e maior reputação de organizações, apontando na direção de uma influência significativa de complexidade comportamental e a dinâmica do processo de liderança.

Essa eficácia de liderança e influência de desempenho são reflexos de um crescimento acelerado de mercado e de uma competitividade em que se estabelece o poderio econômico. As empresas devem permanecer competitivas e precisam de elementos de destaque que possibilitem o seu aprimoramento frente à concorrência, como colaboradores que tenham a flexibilidade e a habilidade de se adequar às alterações constantes do ambiente de trabalho devido ao avanço das novas tecnologias e formatos no âmbito corporativo.

As organizações precisam de líderes capacitados para que assim se atinja um nível de alta performance. Esse trabalho não consiste em apenas motivar, e sim, treinar. Dessa forma, surge o líder *coach*. São líderes capacitados que desafiam o *status quo* (estado atual), criam visões de futuro e são capazes de inspirar os membros da organização para realizar essas visões, de treiná-los e transformá-los em líderes.

Segundo Kotter (1997, p. 27) e Castilho (2010), liderança é um estabelecimento de orientação que desenvolve estratégias que produzirão as mudanças necessárias; é o alinhamento de pessoas por meio da direção com palavras e ações, de modo que a equipe compreenda a visão e as estratégias. Liderança ainda é motivação e inspiração, é injeção de ânimo nas pessoas para que elas superem as expectativas, alcancem melhores resultados e satisfaçam suas necessidades pessoais.

Liderança é uma arte que consiste no gerenciamento de pessoas. Dispõe de diversas ferramentas que perpetuam o engajamento em um processo de atrair seguidores, influenciar e persuadir de forma positiva pessoas e comportamentos. Tem a responsabilidade de direcionar, planejar e monitorar e possui papel fundamental relacionado à motivação.

Coaching é um processo evolutivo por meio do autoconhecimento e de decisões, e é nisso que o líder *coach* se baseia. O líder *coach* é o líder preparado para liderar e treinar. Esse tipo de líder sabe como motivar e levar a equipe ao objetivo principal do processo. O líder tem a necessidade de buscar meios em que os colaboradores se sintam motivados e envolvidos com suas responsabilidades.

Coaching

O *coaching* tem enfrentado problemas de definição, justamente pela falta de clareza em relação a este termo. Para Lotz e Gramms (2014, p. 17), o *coaching* é um processo que estimula reflexões para potencializar o desempenho e o aprendizado do indivíduo, promovendo o desenvolvimento pessoal e profissional.

> *Coaching* não é dar conselhos. Não é consertar as coisas ou resolver problemas. *Coaching* é estabelecer um relacionamento vital, durante um determinado período, com um cliente que está à procura da clareza e das habilidades necessárias para fazer mudanças em sua vida e nos sistemas humanos (casais, família, empresa, comunidade) em um futuro próximo. (HUDSON, 1999)

O termo *coaching* pode se referir a uma forma de orientação (por exemplo, treinamento esportivo), e essa concepção do termo também tem sido aplicada em áreas como educação, desenvolvimento humano e em ambientes corporativos. Assim, enquanto algumas abordagens ao *coaching* desestimulam o aconselhamento, outros consideram o treinador como um guia.

Além disso, mesmo quando abordamos as diferenças e classificações sobre o que é *coaching* e até mesmo *mentoring* (um termo proveniente do inglês, normalmente traduzido como tutoria, mentoria ou apadrinhamento) que se tornou mais amplamente aceito nas organizações.

O processo de alta performance

No que diz respeito ao *coaching* como mecanismo de gestão, temos conceitos que configuram esse processo na condição de dispositivo capaz de ativar a consciência dos colaboradores a pensarem como um só, em um mesmo objetivo. Cardoso (2006), diz que a projeção do ideal de uma empresa deve compor os objetivos de todos os envolvidos.

O segredo para uma equipe de alta performance é a transparência e clareza no contato entre *coach* e *coachee*/equipe. É importante que um único pensamento envolva a equipe e o objetivo da empresa. Isso deve estar atrelado e só funcionará a partir do momento em que não existir divisão. Equipe/*coachee* e empresa devem viver o mesmo objetivo, o mesmo sonho.

Para avançar em direção ao objetivo, ao mesmo sonho, é necessário que haja uma clara definição de equipes de trabalho. Um grupo se torna uma equipe quando passa entender e a monitorar suas próprias ações e buscam resolver quaisquer problemas que afetam seu mecanismo, ou seja, incorporam habilidades de diagnóstico, resolução de conflitos e monitoramento de resultados.

Quando se tem uma equipe de trabalho, se passa a entender no que os membros acreditam, em que cada um poderá contribuir para que o objetivo da organização seja alcançado, além do que esperam do processo *coaching,* tanto para a vida pessoal como para a profissional.

Uma equipe de performance é aquela que pratica confiança e que possui alto índice de comprometimento. São pessoas engajadas que possuem em comum visão, valores, objetivos e, principalmente, sonhos. Ao mesmo tempo, possuem características de energia, prosperidade, diversidade, habilidades, conhecimentos técnicos, ideais, empatia, vivências e opiniões.

Através do processo de *coaching* é possível realizar o reconhecimento dos comportamentos de cada membro da equipe e consequentemente alinhar as ações com o objetivo de reforçar os comportamentos adequados (quais são os resultados expressivos, quais avanços são esperados no desempenho individual e em conjunto, qual é o grau comprometimento da equipe para com o objetivo da empresa etc.). Sendo assim, é possível mostrar para cada membro da equipe o quão é necessário sentir, falar, ouvir, respeitar e engajar. O objetivo deste processo é estimular a confiança para seja possível o crescimento gradativo (oferecendo espaços, desafios e oportunidades) para que a equipe então busque continuamente a evolução.

O processo de *coaching* contribui para mudança de mentalidade e estimula a equipe a obter comportamentos de liderança, atuando como *coaches* quando focam em melhoria contínua, realização de metas, autodesenvolvimento e aprendizado contínuo. Em geral, o objetivo é estar sempre atento ao monitoramento dos resultados, buscar novas soluções, aplicar *feedbacks* construtivos, estimular aprendizagem coletiva e cooperação.

Considerações finais

O novo ambiente de informações levou as empresas a fornecerem aos seus colaboradores programas e ferramentas de aprendizado. Essas estruturas se tornaram ferramentas para treiná-los, na tentativa de lidar com as mudanças constantes. As empresas permanecem competitivas e a necessidade de elementos de destaque que possibilitem o aprimoramento frente à concorrência possui grau de urgência, já que estas empresas necessitam tomar atitudes que envolvem possibilidades mercadológicas e econômicas.

Isso fez com que o mercado buscasse cada vez mais colaboradores flexíveis, com a habilidade de se adequar às alterações e incertezas do ambiente de trabalho. O avanço tecnológico é o indicador de maior expressão dentro dessas rupturas e, com isso, o processo avaliativo se torna o precursor do sucesso.

Embora o novo modelo consista em avaliar as habilidades, atitudes, capacidades e o conhecimento, o método se tornou, por sua eficácia e simplicidade, o mais utilizado na gestão de desempenho. Isso num processo avaliativo de comportamento atrelado ao foco em resultados. Os fatores comportamentais estão ligados ao bom desempenho das atividades, e como consequência o alcance dos resultados - metas propostas pela empresa.

O *coaching* contribui para o desenvolvimento da liderança. Desenvolve as capacidades e habilidades necessárias para o ofício. Trabalha aspectos pessoais como equilíbrio emocional, autoconfiança e segurança, e os aspectos profissionais como definição de metas, delegação, foco e gestão do tempo.

A sociedade é formada por pessoas cada dia mais exigentes e conscientes de seus direitos, e as organizações, por isso, tendem a se reinventar para atender a esse novo mercado e sobreviver no atual mundo dos negócios. Isso traz a necessidade de líderes que inspirem e motivem equipes. Esses novos líderes vão gerar novas organizações, novos conceitos, novas formas de se trabalhar. E essas organizações, reinventadas, irão propiciar uma nova sociedade.

É um ciclo de mudança e evolução de aprendizado contínuo. É ter consciência de que é necessário estar aberto às possibilidades e às mudanças. Sugere-se então, que as organizações estejam em busca de novas experiências, novos conhecimentos, novas ferramentas de gestão e, principalmente, de novos aprendizados. O *coaching* é aqui apresentado como uma sugestão eficiente e proporciona resultados expressivos.

Considera-se que o maior diferencial nas próximas décadas serão os líderes, aliás já estão sendo. O investimento no *coaching* para o desenvolvimento da liderança apresenta-se como adequado e recomendável, já que a mudança e processo evolutivo tanto humano como organizacional é constante.

Liderança é a arte de gerenciar pessoas, engajar, atrair, influenciar e persuadir os comportamentos de forma positiva.

Amanda Carvalho

ANA LAURA ANDRADE

Eu me chamo Ana Laura Andrade, natural de Sorocaba, casada há 15 anos e mãe de 2 meninos. Sou graduada em Psicologia e pós-graduada em Gestão Empresarial. Especialista em Psicologia Positiva pelo Wholebeing Institute, certificada em segurança psicológica na Feliciência e *chief happiness officer* na Reconnect.

Após 26 anos atuando no mundo corporativo, decidi fazer uma breve pausa para organizar uma nova fase da vida profissional: atuar como consultora independente. Atualmente, realizo projetos de desenvolvimento humano e modelagem de processos internos de RH relacionados à melhoria de performance (desenvolvimento, competências, sucessão etc.). Tenho como missão apoiar a transformação das pessoas e das organizações.

Como *hobby*, faço dança, uma paixão desde a infância, e gosto muito de ler livros de não ficção.

(11) 99113-0120

linkedin.com/in/analauraandrade

atmosferadh@gmail.com

LIDERANÇA E PERFORMANCE

04 A IMPORTÂNCIA DA SEGURANÇA PSICOLÓGICA PARA CONSTRUIR TIMES MAIS EFICAZES E MELHORAR A PERFORMANCE ORGANIZACIONAL – PARTE 1

Por Ana Laura Andrade

Escolhi escrever sobre a segurança psicológica porque acredito no poder de um ambiente com relações autênticas, onde as pessoas ficam à vontade para se pronunciar e contribuir. Além disso, ambientes psicologicamente seguros impulsionam a realização, estimulam o aprendizado e possibilitam uma perspectiva diferente sobre os erros.

Quando criança, tive o privilégio de passar bastante tempo no interior onde minhas avós moravam e era o ponto de encontro dos primos que vinham de diferentes cidades. Aprendi (sem nem imaginar) o verdadeiro significado do "trabalho em equipe" nas brincadeiras de rua, revezando as bicicletas, nos desfiles de lençol, nas festas que fazíamos, nos passeios na chácara da minha tia e no clube que frequentávamos.

Nesta fase, não imaginaria que um dia estaria no mundo corporativo, e que os aprendizados da infância seriam úteis para mim.

Atuei por 26 anos no ambiente corporativo, em RH e consultoria de RH, e tive a oportunidade de trabalhar com diferentes empresas de diversos segmentos, portes e localidades. Desde que iniciei a carreira como consultora independente há 2 anos, ampliei ainda mais o interesse por temas relacionados às relações humanas nas organizações.

Sempre muito observadora, me chamava a atenção o quanto cada ambiente tinha características peculiares e como essas características influenciavam os comportamentos das pessoas e como trabalhavam.

Nos últimos anos me aprofundei estudando psicologia positiva, segurança psicológica e felicidade no trabalho. Ao conectar esses 3 temas, percebi como eles se complementam e são capazes de transformar pessoas e ambientes de forma positiva, impulsionando o melhor de cada um.

Infelizmente, ainda é comum encontrar ambientes tóxicos, sem segurança psicológica, sem confiança, minando a produtividade das equipes e da performance organizacional.

Quando há um ambiente de baixa segurança psicológica, as pessoas se fecham, se autocensuram e redirecionam sua energia para o gerenciamento de riscos, prevenção da dor e autopreservação. E é nesse ambiente que emerge a cultura do silêncio – um mecanismo de defesa para gerenciar impressões. Quando isto acontece, as pessoas preferem não fazer perguntas para não parecer ignorante, não relatar ou admitir erros por medo de julgamentos, ou punições, não criticar o *status quo* para não parecer negativo e não contribuir.

Quem nunca participou de reuniões improdutivas, sem objetivos claros e mal conduzidas, com assuntos repetitivos que pareciam nunca avançar ao longo do tempo? Esse tipo de ambiente é um provável local para as pessoas pararem de se manifestar, pois já não acreditam mais que haverá progresso e que há uma intenção autêntica.

É fundamental compreender que o silêncio e o medo podem criar condições para danos psicológicos e físicos, e consequentemente impactar a performance individual e organizacional. O sentimento de medo é também um risco para as empresas.

Segundo pesquisas da neurociência o medo inibe o aprendizado e a cooperação – fundamentais para promover a inovação. Quando o sentimento de medo fica crônico ou faz o "perigo" parecer maior do que é, pode se tornar um gatilho para problemas mentais relacionados ao aumento dos níveis de ansiedade e estresse. Nos últimos anos, acompanhamos o aumento nos índices de afastamento por *burnout*, ansiedade, depressão e estresse no ambiente de trabalho – e sabemos o quanto isso impacta a produtividade e os resultados organizacionais.

Desde 2022, a OMS passou a considerar o *burnout* uma doença ocupacional e as empresas passaram a ter mais responsabilidade em relação ao bem-estar mental de seus funcionários.

Em 2023, o Conselho Nacional de Saúde declarou que "os transtornos mentais relacionados ao trabalho (TMRT) são a terceira maior causa de afastamento do trabalho e dados apontam tendência de crescimento". Isso pode ser ainda maior, considerando que há subnotificação ocasionada pelo medo e pela falta de acolhimento que o trabalhador enfrenta.

Ainda temos que considerar que o afastamento acontece após um período (curto ou longo) no qual a pessoa já não estava bem, e provavelmente com a produtividade afetada.

A saúde mental é um fator determinante para o nosso bem-estar e desempenha um papel crucial no mundo corporativo. De acordo com dados da Organização Internacional do Trabalho (OIT), 60% da população mundial trabalha e esse trabalho pode impactar a saúde mental tanto de forma positiva quanto negativa.

Para as empresas que ainda não se conscientizaram e reconheceram essa relação, fica um alerta: não cuidar da saúde mental dos funcionários faz mal também à saúde da sua empresa!

Implementar estratégias que promovam um ambiente psicologicamente seguro favorece o bem-estar da equipe., e deve estar entre as prioridades e programas a serem implementados.

A segurança psicológica ganha cada vez mais espaço em diferentes ambientes. Ao longo do tempo, tem sido estudada por especialistas que utilizam seus conhecimentos, experiências, curiosidade e anos de pesquisas estruturadas para testar e comprovar os ganhos de ambientes psicologicamente seguros.

O tema Segurança Psicológica surgiu na década de 60, mas teve destaque em 1999 por Amy Edmondson, professora da Harvard Business School. Ganhou relevância no ambiente corporativo quando a Google conduziu o "Projeto Aristóteles", um estudo investigando o que faziam as equipes mais eficazes da empresa. Após alguns anos chegaram à conclusão que não bastava combinar as melhores pessoas – as mentes mais brilhantes – pois não encontraram padrões e/ou regras que garantiriam que o trabalho em equipe fosse eficaz. Por fim, concluíram que alguns componentes das equipes de sucesso as faziam mais eficazes. O componente de maior relevância foi a segurança psicológica, seguida de: confiabilidade, estrutura e clareza, significado e impacto.

Mas afinal, o que é a segurança psicológica?

Amy Edmondson define a segurança psicológica como um ambiente no qual as pessoas se sentem seguras para correr riscos interpessoais. O que, na prática, quer dizer que as pessoas se sentem seguras e capazes de se pronunciar, fazendo perguntas, propondo novas ideias e compartilhando preocupações. Além disso, confiam umas nas outras e são capazes de ser francas, criando uma cultura de *feedback* que facilita a correção de rota.

Cada indivíduo traz consigo experiências, técnicas ou comportamentais, sejam elas de anos de experiências ou da escola. Mas, no final do dia, como o time se relaciona e atua é o que faz a diferença no ambiente – ser capaz de contribuir, fazer perguntas, trazer alternativas, confiar uns nos outros e ter a possibilidade de aprender continuamente.

Criar uma cultura de segurança psicológica é fundamental e significa fortalecer as pessoas para melhorarem o seu desempenho e crescerem – e com isso, melhorar os resultados do time.

Ao contrário do que alguns pensam, a segurança psicológica não é sobre ser gentil e sempre concordar. É, sim, sobre sentir-se confortável em se expressar de forma aberta, sincera e sem medo. É permitir a discordância produtiva e a troca de ideias que levará ao aprendizado e à inovação. É sobre dar responsabilidade para as pessoas, buscando o melhor de cada uma para alcançarem os objetivos do seu trabalho.

A jornada da segurança psicológica deve ser contínua e partir de algo maior – uma cultura instalada – para poder permanecer viva mesmo em momentos de mudanças e de rotatividade das pessoas.

Definir uma estratégia clara, identificar quais são os valores e crenças que fomentam esse ambiente e obter o patrocínio da alta liderança são o ponto de partida para essa jornada.

Realizar uma pesquisa inicial para compreender como está o nível de segurança psicológica nos times é fundamental para direcionar ações de desenvolvimento que favoreçam os objetivos definidos e, durante o programa de desenvolvimento, aplicar pesquisas intermediárias para verificar a evolução das percepções.

É fundamental atuar no desenvolvimento das lideranças em todos os níveis para entenderem o que realmente é um ambiente psicologicamente seguro, quais os impactos e como incorporar comportamentos específicos que contribuam para promovê-la.

Em seguida, são necessários *workshops* com as equipes para disseminar a cultura de segurança psicológica e sensibilizar para a compreensão de que o ambiente de trabalho é responsabilidade de cada indivíduo e uma jornada guiada pelo time. Sim, é papel da liderança promover um ambiente psicologicamente seguro, mas os membros de uma equipe têm ao seu alcance a oportunidade de colaborar para criar um bom ambiente, influenciar reciprocamente de forma construtiva e adotar uma postura de aprendiz ao longo da vida.

Pesquisas mencionadas no livro *A organização sem medo*, de Amy Edmondson, revelaram que a segurança psicológica tem relação com um local de trabalho específico, ou seja, a segurança psicológica está mais relacionada a uma área de trabalho – isso significa que a relação entre os membros de uma equipe e a relação com o líder direto faz a diferença.

Por fim, ter um ambiente de trabalho saudável, onde as pessoas expõem suas ideias e habilidades sem preocupações e como consequência alcançam a inovação e o alto desempenho, beneficiam ambas as partes: funcionários e empregadores.

E você, já refletiu sobre como a segurança psicológica, ou a falta dela, impacta na sua vida?

Que tal pensar em 3 ações iniciais que você poderia implementar para promover a segurança psicológica, conforme o seu contexto, independentemente de ser um ambiente profissional ou pessoal?

Convido você a ler o capitulo 28 da Path Holanda, minha parceira de projetos, no qual ela apresenta um modelo para apoiar líderes, times e negócios a prosperarem (o PECCC). Com foco na performance, e considerando a importância da segurança psicológica, sem dúvida um projeto relevante para o desenvolvimento das pessoas e das empresas.

Em um ambiente de segurança psicológica, as mentes florescem, as vozes encontram espaço e contribuem para o sucesso do time e do negócio.

Ana Laura Andrade

ANDERSON RAMOS FRANCISCO

Eu sou o Anderson, 36 anos, casado com Jaqueline, cristão, pai de dois filhos: Pedro, de 10 anos, e Davi, de 3 anos. Formado em Administração, com MBA em Marketing e Vendas, também sou formado em *Coaching*. Atualmente, cursando MBA em Mercado Financeiro.

De família humilde, quando adolescente, praticava artes marciais. Meu sonho era me formar em Educação Física e trabalhar na área. Tudo mudou quando, aos 17 anos, tive meu primeiro contato com o mercado financeiro e vendas. Tive uma convicção: quem vende prospera e quem sabe fazer outras pessoas venderem, quem consegue formar e liderar uma equipe, é mais bem remunerado.

Hoje, com 19 anos de experiência, sendo 13 deles liderando equipes comerciais em 21 estados do Brasil, diferentes regiões e culturas, espero poder compartilhar um pouco do que aprendi na minha carreira de liderança, enfrentando todos os desafios que surgiram.

andersonrf

Anderson Ramos Francisco

anderfrancisco87@gmail.com

(61) 99888-2880

LIDERANÇA E PERFORMANCE

05 ESTILOS DE LIDERANÇA: LIDERE PELO EXEMPLO

Por Anderson Ramos Francisco

Quero contar a vocês o que me motivou a ser coautor neste livro. Quando criança, ouvia minha mãe falar que seu sonho era ter um filho formado. Sendo o mais velho da família, assumi a dianteira. Hoje, seus três filhos têm formação acadêmica. Certa vez, também ouvi dela o desejo de escrever um livro. Assim, ao ser convidado para escrever este capítulo, a primeira coisa que me veio à mente, foi fazer por ela.

Liderança

Você já se questionou o que faz de uma pessoa um líder? Quais características os outros indivíduos enxergam nela que lhe conferem esse título? O que faz um líder ser admirado?

O tema liderança tem sido objeto de pesquisa por muitos anos, com os primeiros estudos datados da década de 30, quando o psicólogo Kurt Lewin mencionou a existência de três estilos de liderança: autocrática, democrática e liberal. Desde então, diversos estudiosos evoluíram seus conceitos e alguns afirmam que existem mais de dez estilos de liderança.

Ao perguntar a alguém sobre o que é liderança, rapidamente surgem conceitos como a capacidade de influenciar pessoas e levá-las em direção a um objetivo comum.

Quero ir além da teoria que envolve o tema, pois não sou pesquisador, sou um executivo que aprendeu e enfrentou os desafios da liderança na prática. Isso não significa que os estudos não sejam importantes, falarei sobre isso mais adiante, mas neste livro quero analisar o que, ao longo dos meus 19 anos de carreira, tenho usado como base para liderar equipes que me foram designadas.

Exemplos e inspirações

Em 2005, comecei minha jornada no mercado financeiro como *office boy* e sempre busquei referências em pessoas que estavam acima de mim. Eu procurava identificar em cada uma delas características que pudessem me impulsionar para o próximo nível. Busquei inspiração em grandes líderes, especialmente aqueles que também cuidavam do corpo e da mente.

Nesta época, minha jornada de trabalho era de 5 horas, mas sempre fiz 8 horas, pois queria aprender com os atendentes da loja, com as vendedoras do *call center*. Quando eles se sentavam em suas mesas, eu já tinha limpado sua estação de trabalho, ligado seus computadores e servia-os o café; em troca, eles me ensinavam tudo sobre suas funções e, quando não havia mais nada o que fazer, eu panfletava em frente ao escritório. Certo dia panfletando, o dono do escritório viu, me chamou em sua sala e perguntou sobre meus sonhos. Eu saí de lá com a faculdade de administração parcialmente paga. Até mesmo o concorrente mais irritante do mercado me inspirava. Enquanto todos o criticavam, eu olhava e pensava: o que ele fez para ter a maior empresa de crédito do estado? Qual era seu modelo de negócio? Acredito que todas as pessoas têm algo a me ensinar, seja algo bom ou ruim, podemos aprender com todos. Trabalhava constantemente com o objetivo de alcançar um cargo mais elevado.

Em 2011, tomei a decisão de empreender, criei o meu próprio *call center*, adquiri duas lojas no interior do estado e, em um determinado momento, cheguei a ter mais de 50 colaboradores trabalhando diretamente sob a minha liderança. Muitos mais velhos do que eu, carregando consigo diversas responsabilidades, o que aumentava a minha, alguns já possuíam família constituída.

Em 2013, resolvi vender minha parte da empresa e fui trabalhar na área comercial. Ano marcante, casei e tive meu primeiro filho. Minha esposa tem acompanhado minha ascensão profissional desde então. Ela diz que alguns cargos eu quem criei, pois, mesmo a empresa em que eu trabalhava não me promovendo, eu continuava a falar, mostrar resultados e me considerar apto para a posição, o que acabou me levando a promoções.

Para ser breve, de 2013 a 2015, eu era gerente comercial, sendo responsável pela gestão da minha carteira de clientes. De 2015 a 2018, fui promovido a regional, assumindo a liderança de equipes de vendas sênior, compostas por profissionais mais experientes do que eu, o que se tornou o meu maior desafio até o momento. De 2018 a 2023, desempenhei a função de superintendente até finalmente me tornar diretor comercial. Tal posição exige um alto nível de liderança, além de outras questões que não serão abordadas neste capítulo, apesar de estarem diretamente relacionadas à liderança, no caso: exemplo e gestão.

Durante minha trajetória profissional, tive a oportunidade de trabalhar com diversos líderes e, em cada um deles, pude observar seus estilos de liderança. Um líder imediato me mostrou a importância de conhecer o ambiente e o produto com os quais trabalhamos, não permitindo que eu fizesse as tarefas automaticamente. Tive a oportunidade de ter outros líderes que salientaram a importância de acreditar nas pessoas, tanto da nossa equipe quanto dos clientes com os quais negociamos, buscando benefícios mútuos na parceria. Também tive líderes que me ajudaram a desenvolver uma visão mais analítica do mercado, permitindo que eu buscasse estratégias para orientar a equipe de vendas. Até mesmo líderes que vieram de fora do setor financeiro e me ensinaram sobre empatia, a importância de compreender os sentimentos e o momento de cada colaborador, delegando tarefas e oferecendo apoio.

Sempre tive *feedbacks* de pessoas que enxergaram em mim muitas qualidades fundamentais para uma liderança pelo exemplo, tais como:

- energia: sempre trabalhei com uma força contagiante, encarando os desafios do mercado de frente;
- determinação: sou determinado; desde cedo, tive clareza dos meus objetivos e uma imensa vontade de realizá-los;
- competitividade: sou competitivo, tenho uma forte motivação para vencer e alcançar o sucesso profissional, para isso trabalho duro;
- foco em resultados: neste quesito, há um grande vínculo com as metas. Sempre tive comigo os números que gostaria de atingir e trabalho arduamente para alcançá-los. No entanto, é crucial que essas metas sejam coerentes com o negócio. Para isso, é fundamental conhecer bem o mercado em que atua;

- praticidade: opto sempre por abordagens simples e diretas, sem muita teoria, buscando trazer soluções práticas de acordo com minha visão do mercado;
- transparência: sou autêntico, dificilmente meu time não percebe o que estou sentindo ou pensando. Ter controle emocional não significa agir como uma planta, um líder também enfrenta desafios e possui vulnerabilidades. Transparência conecta;
- disponibilidade: se você almeja algo grandioso, esteja disponível, tanto para as pessoas, dando atenção a todos, quanto para a empresa, que precisa saber que pode confiar em você. Por três vezes mudei de estado, sendo que em duas dessas mudanças, minha família me acompanhou.

Essas características moldam meu estilo de liderança e costumo afirmar que só acredito em um estilo de liderança: a liderança pelo exemplo! Um exemplo de executivo que utiliza muito as redes sociais e acaba servindo de referência para o mercado em geral é o empresário João Adibe Marques, que ainda se considera um vendedor, empreendedor que está nas ruas junto com sua equipe, ouvindo, aprendendo, compartilhando e mostrando a eles como fazer, não sendo apenas o executivo que fica atrás da mesa. Ele dá o exemplo aos seus liderados. Compartilho e me identifico com seu estilo de gestão, tanto que criei um lema: O dinheiro está na rua!

Liderança pelo exemplo é uma abordagem em que os líderes influenciam e inspiram os outros através de suas próprias ações e comportamentos. Em vez de apenas dar ordens e esperar que os outros sigam, os líderes que praticam a liderança pelo exemplo mostram o caminho através de suas próprias ações.

Alguns desafios de liderar pelo exemplo são:

- querer fazer tudo e delegar pouco: por saber como fazer, caímos na armadilha de resolver tudo para ganhar velocidade, mas isso não desenvolve a equipe. Devemos ajudar, orientar e desenvolver;
- acreditar que os outros não podem fazer igual ou melhor do que nós: cuidado, ninguém alcança grandes feitos sozinho;
- perda de equipe: relaxe, ao impor um ritmo acelerado, alguns colaboradores podem não se adaptar e desistir, mas isso não significa que você é um líder ruim;

- dificuldade em compartilhar conhecimento: sempre deixe claro para sua equipe o motivo de suas decisões, promova discussões com seu time, busque opiniões, aprenda a se comunicar.

Um líder nunca pode se acomodar, se isso acontecer, em breve ele fracassará, deixará de ser admirado, podendo até mesmo ser esquecido, ao contrário dos líderes que se retiram após terem acrescentado algo à vida de seus seguidores; para esse, seu legado jamais será esquecido, as pessoas se lembrarão com carinho e gratidão.

Líder, nunca permita que seu ego o domine, nunca acredite que sabe tudo, dedique-se aos estudos, mantenha-se atualizado e evite tornar-se obsoleto. Incorpore a cultura do aprendizado constante, isso também servirá de exemplo para seus liderados.

Jack Welch foi CEO e presidente de uma das maiores companhias do mundo, a General Electric (GE), e certa vez citou: "Antes de ser um líder, o sucesso tem tudo a ver com crescer. Quando você se torna um líder, o sucesso tem tudo a ver com o crescimento dos outros."

Muitos alcançam posições de liderança devido a seus resultados até o momento – comigo foi assim no início – entretanto, isso não será o bastante para se manter no cargo. Por isso, é fundamental estudar e evoluir constantemente.

Agora é a sua vez

Leitor, que este capítulo e parte da minha história possa servir de exemplo e inspiração para você.

Se você já é um líder ou sonha em liderar, trago aqui algumas reflexões: Qual é o seu estilo de liderança? Como você quer ser visto pelo seu time? Já parou para pensar no impacto que está causando em sua equipe? Como seus liderados o enxergam? Quais habilidades como líder ainda precisam ser desenvolvidas por você?

Acredite, você sempre pode se tornar um líder melhor.

Só existe um estilo de liderança: pelo exemplo. O dinheiro está na rua!

Por Anderson Ramos Francisco

ANGÉLICA SILVA LOBATO

Sou Angélica Silva Lobato, natural de Mariana/MG e resido em Belo Horizonte/MG com meu marido Philipe Lobato. Sou formada em Administração pela Universidade Federal de Ouro Preto e especialista em Gestão de Pessoas. Em minha jornada profissional, assumi cargos de liderança como gerente administrativa e diretora de planejamento estratégico em diversas empresas, realizando gestão de setores e equipes. Atualmente, tenho uma empresa de consultoria e treinamento com foco em liderança e gestão, na qual ofereço serviços de mentoria para o desenvolvimento de líderes e consultoria e treinamento para as empresas que desejam desenvolver suas lideranças e alavancar os resultados dos seus times.

angelicasilvalobato

Angélica Silva Lobato

(31) 99430-3385

LIDERANÇA & PERFORMANCE

06 LIDERANÇA: COMO DESENVOLVER UMA EQUIPE DE SUCESSO

Por Angélica Silva Lobato

A liderança é um procedimento em que o líder é a pessoa responsável por direcionar, orientar e entusiasmar com confiança e dedicação a forma pela qual será realizada uma determinada atividade para o alcance de um objetivo pré-estabelecido em determinadas circunstâncias (MOREIRA et al.; LIMA, 2022).

Segundo Chiavenato (2005), o líder deve ser um influenciador, de modo que consiga persuadir sua equipe. Logo, quando bem utilizado esse poder, será capaz de fazer sua equipe cumprir com as tarefas propostas sem nenhuma dificuldade.

O papel do líder dentro das organizações se dá em identificar o potencial de cada colaborador e conduzir o seu aprendizado e desenvolvimento. Além disso, os líderes possuem capacidade para inspirar os outros, incentivar, mapear oportunidades, extrair o que cada pessoa tem de melhor e conectar os objetivos da empresa com os colaboradores.

Durante o processo de desenvolvimento de equipes, os líderes precisam colocar em prática todas essas funcionalidades, além de desenvolver um ambiente de trabalho harmônico e com constante processo de aprendizagem individual e coletivo.

O foco de todo líder é desenvolver equipes que gerem resultados para a empresa e que trabalhem de forma engajada, sendo assim, os líderes possuem o desafio de desenvolver equipes de sucesso.

A famosa frase "o segredo de um grande sucesso está no trabalho de uma grande equipe" do autor Murilo Cintra, ressalta a importância do trabalho em conjunto e da relevância em construir verdadeiras equipes de sucesso.

Toda equipe de sucesso é formada por pessoas movidas pelos mesmos objetivos, expectativas e propósitos, se tornando assim, comprometida com os resultados a serem alcançados.

Além disso, pode-se dizer que uma equipe de sucesso é aquela que está em constante desenvolvimento, pois compreende que o sucesso é uma jornada contínua, não um estado definitivo.

Mas quais são as principais características das equipes de sucesso? Primeiro, é fundamental compreender que as equipes são formadas por pessoas com habilidades e competências diferentes, sendo necessário aos líderes combinarem perfis, alinharem expectativas, desenvolverem habilidades e definirem objetivos de acordo com a estratégia da empresa.

Segundo Martins (2022), dentre as principais características de um time de sucesso, podemos listar:

1. objetivos em comum;
2. responsabilidades e papéis claros;
3. confiança na liderança;
4. suporte igualitário do líder para toda a equipe;
5. apoio entre pares na busca por aprendizado e na solução de dificuldades;
6. voz ativa e pertencimento aos projetos;
7. o coletivo é prioridade em relação ao individual.

Essas características podem evidenciar se o seu time está no caminho certo para o sucesso e quais os aspectos precisam ser aprimorados. E, ao pensar em aprimorar características e desenvolver os colaboradores, o líder precisa desempenhar as seguintes funções para estruturar uma equipe de sucesso:

1. Invista no processo de recrutamento e seleção

O primeiro passo para estruturar uma equipe de sucesso é aprimorar o processo de recrutamento e seleção da empresa. Nessa etapa, o líder deve listar o perfil da vaga considerando as habilidades e competências necessárias para o cargo. E fazer uso de ferramentas como dinâmicas, entrevistas estratégicas e testes comportamentais pode fazer toda diferença, sendo mais provável encontrar profissionais aderentes à vaga e ao time.

2. **Defina de forma clara o escopo de atuação dos colaboradores**

Para desempenhar bem suas tarefas e conquistar bons resultados, um colaborador deve ter uma definição clara de quais são suas responsabilidades.

Para isso, é necessário que o líder realize uma descrição clara de cada atividade, mapeie processos e disponibilize essas definições com todos os envolvidos, promovendo assim, uma otimização do fluxo de trabalho.

3. **Crie metas e objetivos possíveis**

O sucesso está muito associado ao cumprimento de metas e ao alcance de resultados. Por isso, o líder deve criar metas alcançáveis e que estejam atreladas aos objetivos da empresa, e claro, é preciso medir o desempenho do time a partir de indicadores, pois isso ajudará na construção dos pontos a serem melhorados e na compreensão do caminho para sucesso.

4. **Invista no desenvolvimento de habilidades comportamentais**

Além de competências técnicas (*hard skills*), o líder deve ser capaz de orientar seus liderados para que desenvolvam suas habilidades comportamentais (*soft skills*), pois essas habilidades estão associadas ao convívio diário, influenciando principalmente as relações e o comportamento da equipe. Além de ser primordial no momento de resolver problemas e desafios que podem surgir no dia a dia do trabalho, sendo necessário uma boa gestão das emoções.

Dessa forma, ao investir em programas de desenvolvimento, será possível construir uma equipe de sucesso capaz de desenvolver processos, propor ideias, gerenciar conflitos e alcançar os melhores resultados!

5. **Crie um ambiente saudável e de segurança psicológica**

Entre os fatores que impactam o desempenho e engajamento, destaca-se o bem-estar no ambiente de trabalho. Em um ambiente saudável e de segurança psicológica, o verdadeiro potencial de cada pessoa é valorizado.

A vantagem de apostar em ambientes assim é a facilidade propiciada para lidar com situações desafiadoras e incertas. Isso permite que a equipe se sinta segura e capaz de superar diferentes desafios.

6. O papel do *feedback* no desenvolvimento profissional

O *feedback* construtivo é a principal ferramenta que pode auxiliar o líder no desenvolvimento dos seus colaboradores. Todos os profissionais possuem pontos fortes e outros que precisam ser aprimorados, assim, ao implantar uma cultura de *feedback* o líder irá proporcionar um ambiente propicio para relatar aos seus profissionais o que eles precisam desenvolver e quais pontos já estão de acordo com uma equipe de sucesso.

Cabe ressaltar também que, além de realizar essas funções para estruturar equipes de sucesso, o líder deve promover um processo para desenvolver a sua equipe, realizando as seguintes atividades: gestão de pessoas, definição do escopo de trabalho, gestão de processos e iniciativas de desenvolvimento.

Agora vamos ver de forma mais detalhada como cada uma dessas atividades estão atreladas ao processo para desenvolver equipes de sucesso.

Gestão de pessoas

A principal atividade da liderança é realizar uma boa gestão de pessoas, na qual o líder se torna a principal referência da equipe para traçar metas e objetivos, tratar problemas, dar direcionamento, resolver conflitos e ouvir os colaboradores. E no processo de construção de equipes de sucesso, a gestão de pessoas tem o papel de atender as necessidades dos colaboradores sem perder de vista os objetivos da empresa.

Definição do escopo de trabalho do time

A liderança é responsável por definir quais tarefas serão realizadas, o volume de demandas e quantas pessoas são necessárias para consolidar boas entregas. Além disso, é necessário avaliar as habilidades e competências necessárias para cada setor, criando um perfil ideal.

Essa é uma das maiores responsabilidades do líder, que deve ter visão sistêmica e estratégica para tomar as melhores decisões.

Gestão de demandas e processos

Outra atividade inerente a todo líder é definir e mapear os processos, garantindo a descrição das atividades correspondentes a cada colaborador, assim, todos da empresa passarão a ter clareza do que devem fazer, entregar e até onde ir para realizar a entrega de resultados efetivos.

E cabe aos líderes acompanharem como está o andamento de cada atividade, seus prazos, qualidade das entregas e fatores pendentes, com o objetivo de identificar falhas que podem prejudicar o sucesso da equipe e comprometer os resultados.

Promoção de iniciativas de desenvolvimento

Por fim, um ponto que faz parte do papel de todo líder e é crucial para formar uma equipe de sucesso, é promover ações de treinamento e desenvolvimento. Isso porque o líder é um dos responsáveis por guiar o processo de desenvolvimento da equipe.

Além do mais, o sucesso é um caminho a ser percorrido todos os dias e, para alcançá-lo, manter a equipe em constante aprendizado e em busca de melhorias é fundamental.

Dessa forma, podemos concluir que o líder tem um papel fundamental para o alcance das metas e dos objetivos propostos pela empresa, sendo o principal responsável por direcionar e alinhar expectativas junto a equipe, garantindo o alcance de resultados.

Contudo, o líder é o principal responsável por inserir nas suas atribuições diárias atividades que promovam a estruturação e desenvolvimento dos colaboradores a fim de desenvolver uma equipe de sucesso.

Através das estratégias de estruturação e desenvolvimento de equipes de sucesso ressaltadas neste capítulo, agora você é capaz de criar e desenvolver uma equipe de sucesso.

Sendo assim, qual será a primeira ação de desenvolvimento que você colocará em prática para criar sua equipe de sucesso?

Referências bibliográficas:

LIMA, J. S. Gestão de pessoas e a liderança na empresa: o líder diante das mudanças organizacionais. *Research, Society and Development*, v. 11, n. 5, p. e3611521217-e3611521217, 2022.

CHIAVENATO, Idalberto. *Gerenciando com as pessoas: transformando o executivo em um excelente gestor de pessoas:* um guia para o executivo aprender a lidar com sua equipe de trabalho. Rio de Janeiro: Elsevier, 2005.

MARTINS, Amanda. Equipe de sucesso: qual é o papel da liderança? In: *Grupo Selpe*. 17 fev. 2022. Disponível em: https://www.gruposelpe.com.br/blog/equipe-de-sucesso-pawpel-da-lideranca-no-desenvolvimento/. Acesso em: 16 jan. 2024.

O sucesso é uma jornada contínua, não um estado definitivo.

Por Angélica Silva Lobato

CÂNDIDA CATALDI

Estrategista de carreiras e negócios, Cândida Cataldi é uma voz líder no setor de energia renovável. Com mais de 16 anos de carreira, sua *expertise* em direcionar negócios ultrapassa a cifra de 1,5 bilhão, injetando inovação e sustentabilidade no setor.

Cândida tem o dom de extrair o melhor das pessoas, a mente por trás de carreiras e negócios presentes em todos os estados do Brasil e em mais de seis países. Nos últimos anos, contribuiu para gerar mais de 10 milhões em receita para todos aqueles que passaram pelos programas Cataldi & CO, um ecossistema de posicionamento com três braços de negócios: uma academia corporativa para carreiras e negócios, uma agência e um estúdio. É também fundadora da Unire, a 1ª universidade de energia renovável do Brasil.

candidacataldi

(71) 99956-0222

LIDERANÇA E PERFORMANCE

07 LIDERANÇA SUSTENTÁVEL E ÉTICA NOS NEGÓCIOS

Por Cândida Cataldi

No coração pulsante do *branding* e da construção de marcas pessoais, jaz a verdade incontestável de que **ter liberdade é uma decisão.** Esta compreensão catalisa a transformação de simples nomes em símbolos de confiança e referência. O reconhecimento de que a liberdade é uma escolha consciente permite aos líderes orquestrarem com maestria a sinfonia dos capitais que formam a essência de suas marcas.

Minha vida pode ser contada de diversas formas, e determinados capítulos podem ser vistos ora como derrotas, ora como conquistas, dependendo do prisma pelo qual são analisados. Nasci no Nordeste, fruto de um romance clandestino, um emaranhado de falsidades, dramas, inseguranças e abandonos. Mesmo assim, de algum modo, a vida me escolheu.

Contemplando o mosaico da minha árvore genealógica, deparo-me com um espectro de realidades: a pobreza e a opulência, a fé e a devoção, a abdicação e a libertinagem, o assédio e a covardia, a sagacidade e a fortaleza, a constância e o desfalecimento, o nobre e o miserável, a retidão e a fraude, a dependência química e o banditismo, as mortes, os suicídios, os abortos e a persistência da vida. Confesso que somente alcancei a reconciliação com esse complexo tecido de experiências no limiar da minha terceira década. Foi nesse ponto de inflexão que tudo começou a se encaixar, e senti uma urgência de proclamar esse conhecimento ao mundo.

Antes de entender e integrar o legado dos meus antepassados – e, por conseguinte, o meu próprio – eu lutava contra a minha índole, esquivava-me de minha verdadeira identidade, e isso apenas enfraquecia o poder inato em mim.

Uma enxurrada de informações, um peso esmagador, uma teia de complicações que só fui capaz de encarar, questionar e aceitar depois de muitos revezes. Exemplos palpáveis dessa trajetória foram a síndrome de *burnout* e uma crise de identidade, desencadeadas após uma sequência de anos que, aos olhos alheios, pareciam marcados pelo sucesso em corporações multinacionais.

Essa jornada teve origem na Itália, o país onde fui criada ao longo de 18 anos, e se desdobrou no Brasil, na minha pátria, que me levaram ao fundo do poço em todas as esferas da minha vida. Contudo, foi justamente essa transformação radical que me impulsionou a ressurgir com uma nova missão: conduzir homens e mulheres pelo caminho da autodescoberta.

Desprezar essa caminhada de introspecção, que agora estou pronta para partilhar, é desprezar a própria essência, é confinar-se a uma versão limitada. A compreensão da dualidade do feminino e do masculino, da luz e da escuridão, é o que nos conduz à realização e ao sucesso tão desejados. Sem essa percepção, a existência se converte numa corrida desgastante. Posso garantir, da minha atual perspectiva, que a autêntica liberdade é extraordinariamente mais recompensadora!

A vida se manifesta através do movimento, e foi nessa vibrante dinâmica que encontrei a chave da minha missão, entrelaçada com as eventualidades do meu passado. Descendente de imigrantes que, não apenas uma, mas duas vezes, transpuseram fronteiras em busca de novas possibilidades. Pelo lado paterno, minha família atendeu à convocatória da monarquia brasileira, migrando da Itália para ajudar na crise da febre amarela. Já pelo lado materno, movidos por uma alma livre e inconformada com a miséria, avistou uma faísca de esperança na jornada rumo a uma vida melhor.

Atualmente, acolho com gratidão esse legado de valentia e mudança. Estou empenhada em me manter em constante movimento, não só corporal, mas também em meus pensamentos e atitudes que fomentem a estrutura e o crescimento na minha carreira e nos empreendimentos aos quais me dedico, e igualmente naqueles que confiam em mim. No ritmo incessante do tempo, trago para o presente a energia dos que me antecederam, direcionando-a para forjar oportunidades, enfrentar obstáculos e alargar horizontes. Seja no plano pessoal ou no profissional, o movimento é sinônimo de progresso, e é através dele que nutro e celebro o meu legado.

Neste movimento rumo à liderança e à ética nos negócios, inicie sua trajetória com a tríade fundamental que, sem sombra de dúvida, pavimentará seu percurso rumo à sustentabilidade:

Generosidade mental refere-se à disposição e à capacidade de compartilhar conhecimento, ideias e experiências com os outros de maneira altruísta. É uma abordagem que reconhece o valor da inteligência coletiva e a importância da contribuição individual para o crescimento mútuo. Essa generosidade se manifesta quando se está disposto a ensinar e a aprender em igual medida, colaborando sem esperar recompensas imediatas e reconhecendo que o compartilhamento de ideias é fundamental para o avanço coletivo. A generosidade mental é contrária ao primeiro erro mencionado, que é o de não ensinar o que se sabe, pois incentiva a disseminação do conhecimento.

Coerência ética é a prática consistente de princípios morais e valores em todas as ações e decisões. Implica em viver de acordo com os padrões éticos que se prega, tanto na vida pessoal quanto profissional, e em manter a integridade mesmo diante de situações desafiadoras. A coerência ética está em harmonia com a segunda forma de errar, que é não praticar o que ensina. Ela demanda que as próprias lições sejam um espelho das ações, assegurando que o que é ensinado seja também vivenciado.

Humildade intelectual é o reconhecimento das limitações do próprio conhecimento e a abertura para novas aprendizagens e perspectivas. Envolve a aceitação de que não se sabe tudo e que o conhecimento é um processo contínuo, sujeito a revisões e expansões. A humildade intelectual está relacionada à capacidade de fazer perguntas, buscar entendimento e estar aberto a correções, alinhando-se com o terceiro erro, que é não perguntar o que se ignora. Ao invés de presumir a completude do próprio saber, a humildade intelectual acolhe a oportunidade de crescer e aprender com os outros.

Na realidade, **sua reputação é o alicerce do sucesso; a sua marca pessoal representa o ativo mais valioso à sua disposição.** Estou aqui para guiá-lo rumo a uma liderança assertiva, oferecendo conceitos nítidos que lhe capacitarão a assumir a liderança através dos capitais de valor.

Capital imagético: em um mundo onde as imagens falam tão alto quanto as palavras, o capital imagético assume o papel de embaixador visual de uma marca. Este capital é uma oferta visual que representa a identidade da marca e dialoga com as aspirações de seu público. É uma entrega de beleza e inspiração, convidando o engajamento por meio de uma estética autêntica e alinhada aos valores fundamentais da marca.

Capital social: o capital social está no cerne das relações de confiança e da integridade de uma marca. "Ter liberdade é uma decisão" se manifesta na escolha por práticas que ressoam com responsabilidade social e ambiental. Marcas que adotam essa liberdade optam conscientemente por um caminho alinhado à sustentabilidade e à justiça, estabelecendo um vínculo de confiança com consumidores, colaboradores e a comunidade.

Capital autoral: a criação de conteúdo original e a autenticidade narrativa expressam a singularidade e a voz de uma marca. A liderança deve estar aberta à evolução e ao refinamento da mensagem da marca. Essa postura permite explorar novas ideias e perspectivas, enriquecendo a narrativa da marca e estabelecendo uma conexão genuína com o público.

Capital intelectual: partilhar conhecimento e *expertise* de maneira aberta e colaborativa é fundamental para o capital intelectual de uma marca. Ao se posicionar como autoridade em seu campo, a marca constrói pontes de conhecimento, conectando pessoas e ideias. A verdadeira liderança é fortalecida pela distribuição de sabedoria, e não pela sua acumulação.

Capital de relacionamento: manter relações transparentes e éticas é essencial para o capital de relacionamento de uma marca. Escolher relacionamentos autênticos, nos quais há consistência entre o discurso e a prática, reforça o prestígio e a confiabilidade da marca, cultivando uma confiança que vai além das transações comerciais.

O cerne da realização, do sucesso e da sustentabilidade nos negócios encontra-se na aplicação prática das leis sistêmicas: hierarquia, pertencimento e equilíbrio.

Na hierarquia, reconhecemos e respeitamos a ordem natural das coisas, em que cada elemento desempenha um papel crucial. **No pertencimento**, encontramos nosso lugar no mundo, aceitando a nós mesmos e aos outros, e celebrando a diversidade como uma fonte de força. **No equilíbrio**, buscamos a harmonia entre dar e receber, entendendo que o verdadeiro valor está na reciprocidade e no fluxo contínuo de energia e recursos.

Que a jornada em direção à autorrealização seja iluminada pela sabedoria dessas leis sistêmicas. Que cada um de nós possa compreender e abraçar a hierarquia da vida, encontrando significado na contribuição única que podemos oferecer. Que nos sintamos profundamente enraizados na comunidade de nossa escolha, valorizando o sentido de pertencimento que nos conecta uns aos outros. E que possamos viver com equilíbrio, dando e recebendo generosamente, sabendo que o sucesso e a sustentabilidade florescem em um ecossistema de reciprocidade.

Ao trilharmos este caminho, lembremos que cada passo é parte de uma dança maior, uma coreografia que se desdobra com a graça de nossas intenções e ações. Que cada indivíduo possa dançar ao ritmo do seu propósito, movendo-se com a confiança de que, quando operamos dentro das leis da vida, tudo o que contribuímos retorna a nós ampliado, enriquecido e cheio de possibilidades.

Assim, inspiremos uns aos outros a viver uma vida marcada pela autenticidade e pelo legado, uma vida na qual cada escolha ressoa com a promessa de um amanhã mais próspero e sustentável. Que sua marca pessoal seja menos um símbolo de poder e mais uma declaração de sua essência mais verdadeira, um convite aberto para o mundo testemunhar a beleza de sua visão única e a paixão que move seu espírito indomável.

Ter liberdade é uma decisão.

Cândida Cataldi

CAROL BARCHA

Muito prazer, sou Carol Barcha, casada, mãe de um casal de pré-adolescentes, estudiosa e apaixonada pelo comportamento humano, formada pela FGV e com diversos cursos no currículo sobre liderança de alta performance e comunicação.

Como consultora empresarial, concentro-me na performance de líderes e na comunicação assertiva, contribuindo significativamente para o ambiente de trabalho e na vida das pessoas. Eu não apenas aprimoro a eficácia da liderança, mas também busco promover um clima organizacional saudável, no qual a colaboração, a inovação e o desenvolvimento pessoal florescem.

Ao capacitar os líderes a se comunicarem de maneira mais eficaz, influencio positivamente o engajamento da equipe, a satisfação no trabalho e, em última análise, a conquista dos objetivos organizacionais.

Já transformei a vida pessoal e profissional de muitos diretores e líderes, trazendo qualidade de vida, autoconhecimento, muitas conquistas e realizações.

carol.barcha

08 COMUNICAÇÃO EFICAZ COMO FERRAMENTA DE LIDERANÇA

Por Carol Barcha

Importância da comunicação na liderança empresarial

Em um cenário empresarial dinâmico e desafiador, as competências de gestão eficazes emergem como fatores cruciais, superando até mesmo a estratégia empresarial. Nesse contexto, a habilidade de se comunicar de maneira clara e eficaz destaca-se como um diferencial vital, essencial para o sucesso organizacional. A falta de comunicação transparente cria um ambiente de trabalho que mina a confiança, comprometendo o engajamento e a lealdade da equipe. Líderes que não se comunicam abertamente arriscam desestabilizar as bases essenciais para o sucesso organizacional. Em contraste, líderes que adotam a comunicação eficaz constroem uma base sólida de confiança, promovendo o engajamento e a lealdade da equipe.

A comunicação eficaz serve como ponte, alinhando os objetivos organizacionais com os sonhos individuais, criando uma força coletiva em direção ao sucesso. Em momentos de desafio e incerteza, a comunicação clara se torna uma ferramenta poderosa. Líderes que transmitem segurança e estabilidade, inspiram confiança e aumentam a resiliência da equipe. Articular uma visão positiva, mesmo diante da adversidade, cria um ambiente propício à inovação. A comunicação eficaz vai além das palavras, influenciando a atmosfera do ambiente de trabalho. Escolher palavras com cuidado e promover uma comunicação positiva, não apenas impulsiona a moral, mas também eleva a produtividade e a satisfação da equipe. Assim, aprimorar as habilidades de comunicação torna-se não apenas uma necessidade, mas uma estratégia essencial para o sucesso duradouro das organizações.

Que cada desafio seja encarado como uma oportunidade para aprimorar a arte de comunicar, guiando-nos através das águas complexas da liderança.

Desafios específicos para líderes e gestores na comunicação

Em estruturas empresariais complexas, a comunicação eficaz emerge como o elemento vital para o sucesso. Contudo, a jornada da comunicação empresarial está repleta de desafios, especialmente para líderes e gestores que enfrentam "ondas turbulentas" exigindo não apenas competências técnicas, mas também uma compreensão profunda dos desafios específicos da liderança comunicativa.

Fornecer *feedback* construtivo é uma arte temida por muitos gestores que enfrentam dificuldades em equilibrar críticas construtivas e incentivo ao crescimento pessoal. Em tempos de crise, a pressão sobre líderes para comunicarem informações claras e convincentes atinge o auge, desafiando não apenas habilidades verbais, mas também a resiliência emocional. Num ambiente diversificado, os gestores encaram o desafio de adaptar-se aos diferentes estilos de comunicação em suas equipes.

A falta de compreensão das nuances individuais pode prejudicar a construção de uma cultura inclusiva. Além disso, a era da informação intensiva cria dificuldades para os gestores se comunicarem eficazmente no meio do ruído constante, destacando a importância de garantir clareza em suas mensagens. Enfrentando desafios como a manutenção da modernidade em hierarquias complexas e liderança virtual em tempos de trabalho remoto, os gestores encontram oportunidades de aprimorar suas habilidades de liderança.

Lidar com rumores e fofocas prevenindo a mineração de confiança, exige habilidade diplomática e uma abordagem proativa. Encaramos esses desafios não como obstáculos intransponíveis, mas como oportunidades para aprimorar nossas habilidades de liderança. Ao enfrentar e abordar essas complexidades, fortalecemos não apenas nossa capacidade de comunicação, mas também construímos uma base sólida para relações de trabalho mais fortes e para o sucesso organizacional. A ação é necessária para superar esses desafios e cultivar um ambiente de comunicação que promova a eficácia e a coesão em todas as dimensões organizacionais.

Cada obstáculo deve ser encarado como uma chance de aprimorar nossa competência comunicativa.

Impacto da comunicação no desempenho individual e organizacional

Num mundo empresarial em constante evolução, onde a busca pela excelência é incessante, a comunicação eficaz destaca-se como o elemento transformador que influencia não apenas o desempenho individual, mas a sinfonia organizacional como um todo. Cada palavra e mensagem ressoam como notas cruciais no concerto do sucesso, sendo a comunicação, a chama que acende a motivação nas mentes e corações da equipe. O desafio surge quando a comunicação falha, resultando em desconexão e falta de clareza.

Líderes que não conseguem se comunicar de maneira inspiradora enfrentam o risco de ter uma equipe desengajada, sem paixão pela missão da empresa. Em momentos desafiadores, a comunicação desempenha o papel de bússola, guiando a equipe através das tempestades. Líderes que falham em se comunicar com clareza e confiança durante períodos difíceis, comprometem a resiliência organizacional. Por outro lado, uma comunicação aberta cria um ambiente propício à criatividade, solucionando conflitos latentes e promovendo um clima organizacional saudável. A comunicação eficaz transcende as fronteiras da empresa, conectando-a aos clientes. Líderes autênticos e que transmitem os valores da organização constroem relações de confiança e lealdade com o cliente. Além disso, a comunicação molda a cultura organizacional, em que líderes consistentes e celebrativos constroem uma atmosfera de alto desempenho. A comunicação não é apenas uma ferramenta, mas a essência que permeia todas as facetas do desempenho individual e organizacional.

Convido cada líder e gestor a serem maestros habilidosos, regendo a sinfonia da comunicação para alcançar não apenas a excelência individual, mas a grandiosidade coletiva de toda a organização. A ação é crucial para fortalecer as habilidades de comunicação e criar um ambiente onde a sinfonia do sucesso ressoa em cada interação.

Que cada palavra seja uma nota que ressoa na busca incessante pela excelência.

Experiências bem-sucedidas de liderança e comunicação

No mundo corporativo, surgem narrativas de geração de líderes que não apenas conduzem, mas se transformam por meio de uma comunicação excepcional. Essas histórias são guias práticos que revelam a magia da liderança autêntica e da comunicação eficaz. Vou compartilhar algumas experiências bem-sucedidas, extraídas do mundo real, que iluminam o caminho para uma liderança impactante com nomes fictícios para não expor meus clientes.

João, CEO de uma empresa inovadora, escolheu a transparência como seu norte. Em momentos de desafios, ele compartilhava abertamente os obstáculos e as estratégias para superá-los. A equipe, ao sentir-se parte do processo, não apenas entendeu os desafios, mas também se comprometeu na coragem de enfrentá-los. Essa clareza transformou desafios em oportunidades de crescimento coletivo.

Maria, uma líder de equipe em constante busca pela excelência, incorporou a arte da escuta ativa. Em reuniões, dedicava tempo para ouvir cada membro, compreendendo suas preocupações e ideias. Essa prática não apenas fortaleceu os laços, mas também gerou *insights* valiosos que contribuíram para a inovação e a resolução eficaz de problemas.

Lucas, fundador de uma *start-up*, não apenas comunicou a visão da empresa, mas também incutiu seus valores em cada interação. Ele contou histórias que personificavam os valores fundamentais da empresa, transformando conceitos abstratos em princípios tangíveis. Essa abordagem não apenas solidificou a cultura organizacional, mas também motivou a equipe a transcender expectativas.

Ana, uma gestora de equipe, priorizou a construção de relacionamentos genuínos. Em vez de ver sua equipe apenas como funcionários, ela reconhecia cada membro como indivíduo. Seu compromisso com a empatia e a compreensão criou um ambiente onde os membros da equipe se sentiram valorizados, resultando em um aumento notável na satisfação e produtividade.

Carla, CEO de uma empresa de serviços, liderou sua equipe comunicando uma obsessão pela experiência do cliente. Em cada comunicação, ela reforçava a importância de superar as expectativas do cliente. Esse foco incessante na experiência do cliente, não apenas impulsionou a satisfação do cliente, mas também promoveu a inovação dentro da equipe.

Que cada líder encontre uma narrativa que define sua jornada única de liderança e comunicação.

Estratégias para melhorar a comunicação interpessoal

No emaranhado jogo das interações humanas dentro de uma organização, as estratégias adotadas pelos líderes não apenas moldam relações, mas também definem a cultura organizacional. Nesse contexto, compartilharei estratégias pragmáticas para aprimorar a comunicação interpessoal, desbravando um caminho que fortalece vínculos e impulsiona o sucesso coletivo.

A complexidade das interações humanas no ambiente de trabalho muitas vezes resulta em desafios na comunicação interpessoal. Como os líderes podem superar obstáculos para construir relacionamentos sólidos e promover uma cultura organizacional saudável? A base sólida da comunicação interpessoal, que inclui escuta ativa, clareza na expressão, consciência da linguagem não-verbal e adaptação ao estilo de comunicação individual, é crucial para estabelecer confiança e valorização. Líderes que negligenciam esses elementos podem enfrentar uma equipe desengajada, mal-entendidos e falta de coesão.

Aprimorar a comunicação interpessoal não é apenas uma estratégia, mas uma jornada de autodescoberta e adaptação contínua. Líderes que se dedicam à escuta ativa, clareza na expressão, consciência da linguagem não verbal, adaptação ao estilo de comunicação e fornecimento de *feedback* construtivo, se tornam arquitetos de relacionamentos sólidos. Convido cada líder a cultivar essas estratégias, tornando-se não apenas comunicadores eficazes, mas também construtores de alicerces para uma equipe mais engajada, resiliente e produtiva.

Que cada palavra compartilhada seja uma peça cativante no complexo quebra-cabeça da comunicação interpessoal.

Uma equipe não é construída apenas com grandes conquistas, mas, sim, com os pequenos detalhes do dia a dia e na constância do esforço conjunto.

CAROL MARTINS

Sou Carol Martins, uma "capixaba da gema" de Vitória/ES, apaixonada pela incrível individualidade da mente e do comportamento humano.

Como Especialista Comportamental, atuo há mais de 8 anos como consultora empresarial e mentora de líderes. Desenvolvi empresas e lideranças, capacitando-os não apenas individualmente, mas também a compreenderem o comportamento de suas equipes, alcançando resultados preventivos ao dominar e alinhar composições comportamentais às necessidades de cada cargo.

Após superar desafios, comprovei que a liderança empresarial pode mudar vidas. Agora, minha missão é ajudar aqueles que enfrentam desafios semelhantes. Nesta obra, compartilho conhecimento sobre o desenvolvimento comportamental de colaboradores a fim de atingir a alta performance individual e coletiva.

corporalmentefalando
(27) 99786-0278
contato@corporalmentefalando.com

LIDERANÇA E PERFORMANCE

09 LIDERANÇA COMPORTAMENTAL:

APRENDA A DESENVOLVER O COMPORTAMENTO DE ALTA PERFORMANCE NOS SEUS COLABORADORES E GERAR RESULTADOS

Por Carol Martins

Minha jornada na liderança iniciou-se com um sonho frustrado de uma carreira militar e a rejeição na prova da polícia, após anos dedicando minha adolescência a esse único objetivo de vida. Diante da necessidade de reinventar meu futuro, busquei um emprego que me permitisse estudar e ganhar algum dinheiro. Uma oportunidade surgiu como vendedora em uma loja de shopping, onde rapidamente me destaquei e ascendi à liderança.

No entanto, esta promoção veio mais pelo meu desempenho como vendedora do que por habilidades de liderança. Isso marcou o início de um caminho árduo e exaustivo, repleto de desafios, incompreensões e oposições diretas. Foi um período marcado por tentativa e erro, mas também por um incansável desejo de aprender e evoluir. Através desta jornada, descobri a minha vocação e criei metodologias eficazes de liderança, compreendendo o que é necessário para desenvolver colaboradores, engajar a equipe em alta performance e alcançar os resultados desejados pela empresa.

Na liderança, o conceito de "Alta Performance" é frequentemente mal interpretado por líderes e empresários que, assim como eu, nos meus primeiros anos, acabam caindo no equívoco de associar alta performance à capacidade de desenvolver em seus colaboradores competências não naturais em um nível excepcional. Esta responsabilidade recai sobre os líderes, que são altamente cobrados a moldar seus colaboradores a todo custo. Com isso, eles se veem na obrigação de alterar as características intrínsecas das pessoas, forçando-as a agir de maneira contrária à sua natureza.

Essa abordagem geralmente resulta em um ciclo vicioso de frustração: instruções são repetidas sem sucesso, e esforços para desenvolver novas habilidades rapidamente se dissipam. Através da minha própria experiência, percebi que tal método não só é ineficaz, mas também contraproducente. O erro não reside nas pessoas, mas na nossa expectativa de transformá-las segundo nossos próprios desejos. O verdadeiro sentido de alta performance na liderança não consiste em mudar as pessoas, e sim, em compreender, valorizar e otimizar intencionalmente suas habilidades inatas, respeitando suas limitações. O desafio real está em reconhecer e utilizar estrategicamente os pontos fortes de cada membro da equipe, evitando julgamentos superficiais sobre quem é bom ou ruim.

A insistência em mudar os colaboradores adotando práticas de liderança que não respeitam suas habilidades naturais, desencadeia uma gama de consequências negativas, que vão além da simples desmotivação e baixa performance. Quando líderes tentam forçar colaboradores a se encaixar em moldes que não correspondem às suas capacidades inatas, não só criam um ambiente de trabalho tóxico e desmotivador, mas também comprometem a eficiência da equipe. Esta abordagem errônea leva frequentemente a uma alta rotatividade, pois os colaboradores se sentem frustrados, subvalorizados, e muitas vezes optam por buscar ambientes de trabalho mais acolhedores e respeitosos.

Além disso, essa mentalidade impacta diretamente nas contratações, resultando na seleção de talentos que não se alinham com as necessidades reais da função ou da empresa. Isso leva a um ciclo de contratações e desligamentos, com um custo elevado tanto financeiro quanto emocional para a organização.

Um dos aprendizados mais significativos que tive em minha jornada de liderança é que muitos colaboradores não têm plena consciência de seu próprio potencial ou de suas limitações. Isso coloca uma responsabilidade adicional sobre os líderes — não é suficiente apenas gerenciar tarefas e processos — é essencial também desempenhar um papel de mentor e orientador, ajudando os membros da equipe a reconhecerem e desenvolverem suas habilidades, bem como a lidar com suas limitações de maneira construtiva.

Compreender e adaptar-se a essa dinâmica é crucial para criar um ambiente de trabalho saudável e produtivo. Um ambiente onde os colaboradores são valorizados e seus talentos naturais são aproveitados de forma otimizada, não apenas aumenta a satisfação e o engajamento, mas também impulsiona a performance geral da equipe e, por extensão, os resultados da empresa.

Para converter esses desafios em oportunidades significativas e despertar a alta performance real em cada membro do seu time, conduzindo assim a resultados coletivos impactantes, neste capítulo compartilharei uma estratégia em três fases essenciais. Essa abordagem visa levantar as informações necessárias para direcioná-lo em estratégias eficientes para desenvolver um comportamento de alta performance nos seus colaboradores e, consequentemente, gerar resultados notáveis.

Na primeira fase, a tarefa é realizar uma análise detalhada das demandas de cada cargo, categorizando as atividades em "mais executadas" e "menos executadas". As atividades mais executadas são aquelas que ocupam a maior parte do tempo do colaborador, enquanto as menos executadas ocorrem de forma mais esporádica. Para cada demanda, identifique habilidades cruciais que permitiriam ao colaborador desempenhá-las com eficiência e facilidade. Ao final desta etapa, selecione as duas habilidades mais relevantes para as demandas mais executadas e as duas principais para as menos executadas, resultando em um conjunto de quatro habilidades essenciais para o cargo.

A segunda fase consiste em analisar o comportamento dos colaboradores. Quanto mais detalhada for essa análise, mais assertivos serão os resultados. Você pode utilizar a metodologia de sua preferência para analisar o comportamento dos colaboradores do seu time, a fim de obter informações sobre as habilidades e dificuldades de cada um deles. Porém, recomendo fortemente a aplicação da "Análise Combinada", que revela tanto o perfil nato quanto o comportamental atual de cada colaborador.

Esta análise distingue as habilidades e dificuldades inatas, que são imutáveis, do comportamento atual, permitindo compreender o que pode ser efetivamente desenvolvido e o que não é naturalmente possível aprimorar. No programa "Mente Líder", ofereço um guia para realizar essa análise com eficácia.

Na terceira e última fase, integre as informações das fases anteriores para formular sua estratégia de desenvolvimento de equipe. Alinhe as necessidades de cada cargo com as habilidades e dificuldades dos seus colaboradores. A ideia principal é que você identifique quem está adequadamente posicionado e quem poderia ser mais eficiente em outra função.

Esta abordagem não apenas otimiza o desempenho individual, mas também eleva a satisfação e o engajamento de toda a equipe. Se você já está familiarizado com a metodologia "Liderar Corporalmente" e aplicou a "Análise Combinada", será possível também identificar quais habilidades existem em cada colaborador que não estão sendo utilizadas por ele, para que assim, você possa criar cenários para desenvolvê-las.

Essa metodologia proporciona uma compreensão aprofundada da singularidade de cada colaborador e como isso pode revolucionar a dinâmica da equipe. Posicionar as pessoas em funções alinhadas às suas habilidades naturais não só melhora a eficiência operacional, mas também fortalece a moral e a eficácia geral.

A liderança coloca você em um lugar em que é preciso avaliar os colaboradores, analisar desempenhos e, consequentemente, faz com que você classifique pessoas como boas ou ruins, certas ou erradas. Porém, quanto antes você entender que "não existem pessoas erradas, existem pessoas nos lugares errados", mais rápido encontrará o caminho para uma liderança assertiva que de fato sabe trabalhar o time de maneira inteligente, extraindo o melhor de cada um e gerando resultados extraordinários no coletivo.

A verdadeira liderança comportamental envolve colocar as pessoas nos lugares onde suas habilidades naturais se alinham com as demandas da função. Ao fazer isso, não apenas terá uma equipe de alta performance, mas também colaboradores realizados e comprometidos.

A alta performance vem de entender e aproveitar as competências individuais, não de forçar todos a serem bons em tudo. Encorajo você a aplicar esses passos com sua equipe, criando um ambiente onde cada colaborador possa brilhar em sua zona de facilidade. Lembre-se, a liderança eficaz não se trata de identificar limitações, mas de reconhecer e valorizar a singularidade de cada indivíduo.

Lembre-se de que o ser humano é capaz de aprender e se adaptar, mas a verdadeira satisfação e alta performance são alcançadas quando as tarefas estão alinhadas com suas habilidades intrínsecas. Por exemplo, em um setor financeiro, uma pessoa analítica e metódica provavelmente se sairá muito melhor do que alguém com um perfil mais comunicativo e persuasivo.

Reconhecer estas diferenças e ajustar as funções de acordo é essencial para o sucesso de cada um e da equipe como um todo. Dominando essa metodologia de análise, você pode ir além, evitando conflitos e retrabalhos ao fazer contratações mais assertivas trazendo colaboradores com habilidades já alinhadas estrategicamente ao cargo que ocuparão.

Aplicando o conteúdo e as tarefas deste capítulo, você estará preparado para implementar estas estratégias com sua equipe, criando um ambiente que estimule e aproveite as habilidades de cada colaborador. Esta é a sua oportunidade de explorar mais profundamente o comportamento humano e desenvolver uma liderança que realmente faça a diferença na vida das pessoas que passarem por você.

Para continuar essa jornada de aprendizado e descoberta na liderança, convido você a seguir meu perfil no Instagram: @corporalmentefalando. Lá, compartilho *insights*, direcionamentos e estratégias para ajudá-lo a aprimorar suas habilidades de liderança e a desenvolver um ambiente de trabalho mais produtivo e harmonioso. Junte-se à nossa comunidade e seja parte dessa transformação!

Não existem pessoas erradas, existem pessoas nos lugares errados.

Carol Martins

CASAL EMPREENDEDOR

FERNANDO SEMENSATO

Fernando Semensato, 47 anos, brasileiro, casado com Mayra Peres, 33 aos, pai da Duda, 13 anos, João Victor, 11 anos, e Maria Fernanda, 2 anos. Sou formado em Direito, pela Universidade Mackenzie; em Administração de Empresas, pela Fatec; *inter. coaching* empresarial pela Sociedade Latino-Americana de Coaching (SLAC); segundo-tenente de Artilharia (Exército Brasileiro). Tenho MBA em Gestão Tributária e Processos Gerenciais. Sou CEO das empresas da *holding* Blessed360: BlessedTaxReview, BlessedShow, BlessedMKT, BlessedAgro e Ibiza Cosmétics.

fsemensato

Fernando Semensato

fsemensato@grupoblessed360.com

(19) 98292-6200

LIDERANÇA E PERFORMANCE

10 SUSTENTABILIDADE E IMPACTO SOCIAL NA LIDERANÇA

Por Fernando Semensato e Mayra Peres,
Casal Empreendedor

Nossos caminhos se conectaram há aproximadamente 4 anos, quando nos conhecemos para a avaliação de uma oportunidade de carreira musical para Mayra, em uma das empresas da *holding* (Blessed360). Nos lembramos da ocasião como se fosse hoje. Uma segunda-feira de março, em um barzinho de Ribeirão Preto/SP. Mayra fazendo uma apresentação acústica de música sertaneja e uma cena marcava o ambiente: Duda e João Victor, sentados na primeira mesa, assistindo e filmando o trabalho da mamãe. Essa é uma parte da história muito marcante e importante, pois a Mayra ficou viúva aos 22 anos (Duda com 4 anos e João com 2 anos). A música, além de ser uma paixão, também era uma forma de complementar a renda, dentre as inúmeras atividades autônomas desenvolvidas por ela para custear e sustentar os "três mosqueteiros" (eles carinhosamente se denominavam assim).

Naquela noite, nascia uma parceria profissional que evoluiu rapidamente, se tornando uma parceria de vida. Dessa parceria, formaram-se pilares extremamente robustos que, a partir de então, nos renderam frutos pessoais e profissionais, dentre os quais, o nascimento da nossa caçula, Maria Fernanda, em 2021. Essa base sólida fortaleceu os laços afetivos, suprindo em nossos filhos Duda e João, toda a ausência sentida com a perda do pai biológico, uma vez que nossa família estava plenamente constituída e seguindo em passos firmes para a realização de nossos sonhos e de nossas crianças, sendo o meu e o da Mayra, o nosso casamento, e o das crianças Duda e João, a formalização da adoção socioafetiva, recebendo o sobrenome Semensato Barboni. Sonhos realizados em 4 de novembro de 2023.

E por que essa primeira parte de nossa história é tão importante? Porque esse foi nosso primeiro e maior desafio de sustentabilidade e impacto social de liderança, pois tínhamos pouquíssimo tempo de convivência, muitas dúvidas, dores, traumas e um só objetivo: não poderíamos dar errado (esse foi o lema de nosso trato como casal). A partir da construção dessa base e do entendimento de que nossa família sempre será nosso mais valioso projeto, passamos a empreender juntos, abrindo várias frentes de negócios e, hoje, lideramos oito empresas desenvolvidas e gerenciadas por nós em diferentes segmentos do mercado, porém todas elas com o mesmo DNA de missão, visão e valores: estratégia de produtos, atendimento de excelência, alta performance de resultados e humanização da relação com nossos clientes, parceiros e colaboradores.

E por que o mesmo DNA de missão, visão e valores? Porque entendemos que em qualquer momento da relação humana, seja pessoal, profissional ou intelectual, os pilares para o êxito sempre serão: transparência, equilíbrio e lealdade. Com base nestes fundamentos, estamos conseguindo formar um ecossistema de sustentabilidade de nossos negócios que realmente traz impacto social de nossa liderança às pessoas envolvidas direta e indiretamente neste ecossistema, pois temos como princípio da relação com nosso cliente trazer solução, resultado e segurança; com nossos parceiros, a transparência e velocidade da entrega do trabalho e equilíbrio do resultado financeiro; com nossos colaboradores, a preocupação constante de acolhimento e entendimento das dificuldades de áreas, entregando mentorias e ferramentas que possibilitem o desenvolvimento saudável das atividades, principalmente o crescimento profissional e intelectual do colaborador, criando também a oportunidade de ganhos variáveis de performance, visando sempre a motivação pela busca do conhecimento e de melhores resultados.

Atualmente, nossas empresas estão distribuídas nos seguintes segmentos de mercado: Blessed360 (consultoria empresarial), BlessedShow (gerenciamento de carreiras e entretenimento), BlessedMarketing (estratégia de marketing), BlessedTaxReview (revisão tributária), BlessedAgro (agronegócios), Ibiza Cosmetics (cosméticos *e-commerce* e *marketing place*), Empreendedoras D Salto (consultoria e planejamento estratégico para o universo feminino) e Instituto EDS Crescer e Empreender (ONG focada no desenvolvimento infantil). Somados os colaboradores diretos, indiretos, parceiros de negócios e clientes, formamos um ecossistema de mais de 10 mil pessoas com as quais, de forma ativa e passiva, trocamos experiências e relações pessoais, profissionais e intelectuais, gerando negócios em todo território nacional de forma dinâmica e eficaz.

Como manter todo esse ecossistema ativo e sustentável? O primeiro fundamento que utilizamos para que as relações dentro desse ecossistema se mantenham sustentáveis, é entender de pronto a necessidade, demanda, carência ou dor que a outra parte da relação nos apresenta, porque este foi o caminho que utilizamos para nos entender, desde aquela segunda-feira de março, no barzinho, onde a Mayra se apresentava; buscamos mutuamente compreender as dores para alcançarmos, de forma equilibrada, os caminhos de solução e essa receita que funcionou de maneira eficaz para as nossas vidas, se tornou um método que levamos para trazer a eficácia aos nossos clientes, parceiros e colaboradores, pois a liderança só se torna grande, quando o líder já passou pela experiência e é humilde, o suficiente, para primeiro ouvir e servir, e depois transmitir seu conhecimento.

Com isso, toda relação se torna mais humana, trazendo às partes envolvidas, o entendimento claro de que resiliência, proatividade, foco e constância são elementos essenciais que devem partir de um lado e do outro para que o resultado seja satisfatório e eficaz, pois o líder que exige resultado sem ouvir e entender o liderado a sua volta, não pode contar com eficácia deste resultado, e o liderado que após receber tratamento humanizado e acolhedor não de dispõe a realizar sua parte, não pode exigir que o líder resolva aquilo que era de sua responsabilidade. Assim sendo, o que sempre buscamos para tornar nossas relações e negócios sustentáveis é trazer ao centro da relação à consciência de que todo resultado é possível quando existe sinergia nas ações, compreensão das etapas e entendimento das variáveis negativas durante o processo, visando sempre a correção das rotas, almejando alcançar bons resultados.

Um lema que Mayra e eu sempre adotamos, como ela diz, é: casais inteligentes, enriquecem juntos (inspiração de nosso mentor Gustavo Cerbasi) e essa prática diária faz toda diferença, porque, independentemente, da relação de casal, entendemos que a relação entre duas pessoas deve sempre gerar enriquecimento mútuo, em todos os sentidos, pois no ambiente em que duas pessoas enriquecem, não há espaço para competição, mas, sim uma conexão intensa na busca conjunta do resultado.

Um outro lema que temos: nem sempre o resultado que queremos virá no tempo em que desejamos ou será aquele que almejamos. Entretanto, devemos sempre comemorar e aprender com o resultado, pois mesmo que ele seja adverso ou abaixo das expectativas, temos que entender que se existiu um resultado é porque existiu uma atitude de buscá-lo; este movimento é o que nos torna diferentes e eficazes, pois jamais existirá resultado da falta de ação ou atitude. Por isso, esteja sempre se movimentando na busca por resultados, na busca por conhecimento, na busca por novos ambientes, principalmente os que tiram você de sua zona de conforto, na busca por novos parceiros e na busca por soluções, pois essa é a tônica essência de todo empreendedor. Mantenha sempre sua régua de alcance e expectativas de crescimento alta, para que sempre tenha objetivos a serem superados e não seja medíocre nos resultados. Acredite, o desafio o impulsiona e o obriga a crescer!

Tem mais um lema que sempre adotamos, como diz o Fernando, é: não existe destino agradável se você não aproveitar todas as paisagens do caminho, ou seja, não adianta querer o resultado sem ter o conhecimento das estradas que levam até ele; por isso, o conhecimento e a busca por ele é a chave que abre todas as portas e o combustível que alimenta diariamente todo o processo. Em razão disso, temos conseguido, com êxito, dirigir nossos negócios e curtir extremamente nosso maior projeto: nossa família! De nada valeriam todos os resultados dos quais desfrutamos hoje, se não tivéssemos tempo de qualidade para aproveitar e acompanhar cada momento de desenvolvimento das diferentes fases dos nossos filhos, se não fosse assim, todo o propósito que nos motivou a chegar até aqui estaria perdido. Com isso, o que gostaríamos de deixar como contribuição acerca deste tema "Sustentabilidade e impacto social na liderança", vamos fazê-lo de forma impactante e agradável.

Quer sustentabilidade? Tenha propósitos, resiliência, constância, foco e equilíbrio de suas ações. Quer uma liderança que gere impacto social na vida das pessoas? Lembre-se de que o grande líder deve saber fazer, saber ouvir, saber servir para depois ensinar. Acima de tudo, não se esqueça: existe sempre uma força divina que manterá sua inspiração equilibrada com sua transpiração, por isso, ore, curta muito a paisagem, seja parceiro do seu par e chegará a grandes destinos!

O líder de impacto é aquele que sabe executar, na prática, todo o processo.

Fernando Semensato e Mayra Peres

CASAL EMPREENDEDOR

MAYRA PERES

Mayra Peres, mãe de três filhos. Sou técnica administrativa, empresária CEO da EDS Intermediações, cantora, influencer, *owner partner* da Empreendedoras D Salto e do Instituto EDS Crescer e Empreender e credenciada a Associação Brasileira de Captadores de Recursos (ABCR).

mayraperes_oficial
Mayra Peres
empreendedorasdsalto@gmail.com
(16) 99239-5675

11 VISÃO DE FUTURO E PLANEJAMENTO ESTRATÉGICO

Por Mayra Peres e Fernando Semensato, Casal Empreendedor

Para nós, o tema "Visão de futuro e planejamento estratégico" é desafiador e, logo de início, nos remeteu ao passado não muito distante, antes de nos conectarmos. Na minha jornada como mãe solo desde 2015, quando fiquei viúva do pai biológico da Maria Eduarda e João Victor, com 4 e 2 anos de idade respectivamente, meu "planejamento estratégico" era um "diário de sobrevivência", pois acordava todos os dias com uma meta financeira para que nada faltasse aos meus filhos. Eu precisava chegar ao final do dia com 100 reais livres, para que pudéssemos ter nossas necessidades supridas e arcar com nossas despesas. Preocupava-me muito em cumprir minha meta, pois ficava espantada sabendo que, estatisticamente, a média de custo para criar dignamente um filho até a maioridade, era de 400 mil reais. Era assustador, pois tinha duas crianças sob minha responsabilidade, não tendo a menor chance de pensar em falhar.

Em razão da minha necessidade, traçava um plano diário de trabalho, me dividindo em diversas funções: mãe, vendedora de cosméticos, garçonete, motorista de aplicativo, promotora de produtos e eventos, faxineira e cantora. Em todas essas atividades, percebia que vender sempre me conectava a melhores resultados e, por isso, sempre procurava desempenhar essas funções atendendo com excelência todas as pessoas. Por muito tempo, minha visão de futuro esteve fortemente ligada à sobrevivência digna dos meus filhos. Um fato determinante como planejamento estratégico, foi a dor de saber que, após o falecimento do pai biológico das crianças, ao acionar a apólice de seguro de vida deixada por ele, descobri que estava cancelada por falta de pagamento de três parcelas. Essa dor, me fez tomar uma decisão imediata: contratar um seguro de vida para meus filhos e um plano de previdência privada, para que ambos ficassem resguardados de qualquer eventualidade.

Esse breve depoimento que trago logo no início do capítulo tem como objetivo remeter você, leitor, ao seguinte entendimento: planejamento estratégico deve ser rotina diária, pois eventualidades e surpresas acontecem, então, é melhor estar preparado para qualquer eventualidade, do que ter de planejar-se em um contexto de adversidade e de dor.

A partir da nossa conexão como casal, como sócios, como pais, sempre tivemos um lema: "Não podemos dar errado!", esse lema excluiu de nossas mentes um pensamento muito comum nos relacionamentos entre duas pessoas: "Vamos experimentar para ver se dá certo!". Em nossa relação, pensamentos como esse, nunca tiveram espaço, pois sabíamos que tínhamos um tempo curto para realizar todas as adaptações pessoais e profissionais, mantendo a responsabilidade de zelar por nossos filhos e, por isso, planejamento estratégico é a nossa ferramenta diária para administrar, com sucesso, nossa vida pessoal, nossa família, nossas sete empresas, nossos três escritórios nas cidades de Ribeirão Preto/SP, Franca/SP e São Paulo/SP, nossos parceiros de negócios, nossos colaboradores e, principalmente, nossa saúde física e mental.

Planejar de forma estratégica nos possibilita antecipar possíveis cenários adversos, agir com qualidade e tornar nosso ambiente de trabalho saudável e eficaz, ter tempo de qualidade no acompanhamento diário dos nossos filhos e empreender em novas frentes, visando o crescimento de nossos negócios.

Podemos dizer que um bom planejamento estratégico permite vislumbrar de forma clara as possibilidades futuras. Quando pensamos e falamos de futuro, sempre gostamos de trazer à pauta uma máxima: "Para quem não sabe onde quer chegar, qualquer vereda é caminho!" Essa frase relata com assertividade uma dor enfrentada por muitos, principalmente por aqueles que tem o sonho de empreender, pois colocam o desejo acima da estratégia e do planejamento, gerando um cenário de incerteza para o empreendimento. É fundamental para o sucesso que, antes de colocar o sonho à frente dos negócios, o empreendedor faça um plano de execução muito bem estruturado, contendo o tempo de investimentos e a razão deles, as fases bem delineadas do projeto e, principalmente, o marco bem definido de *pay back* (retorno dos investimentos). Esse método é imprescindível para verificação de êxito de um negócio. Portanto, podemos afirmar que um sonho sem planejamento estratégico, pode se tornar um pesadelo!

Por isso, nossa missão neste capítulo é trazer, em linhas gerais, sugestões e ferramentas que utilizamos em nosso dia a dia e que funcionam na prática em nossos empreendimentos. Todas as nossas ideias, antes de saírem do papel para se tornarem empresas, passam por uma sabatina que envolve as seguintes questões:

1. Por que devemos investir nessa ideia?
2. Já existem no mercado empresas que atuam no segmento que pretendemos investir?
3. As empresas que já atuam no ramo têm bons resultados?
4. Como podemos atrair nosso público-alvo a ponto de migrarem de empresas já existentes para nossa empresa?
5. Quanto vamos investir em recursos e tempo para transformar nossa ideia em um negócio sustentável?
6. É possível identificar previamente se a ideia (negócio) é compatível com nossas atividades atuais?
7. Conseguimos enxergar um bom horizonte para expansão do negócio?
8. É possível escalar o empreendimento?
9. Quais os riscos do negócio frente ao ramo da atividade?
10. É uma atividade que pode escalar problemas e passivos?
11. Os possíveis resultados são compatíveis com nossas expectativas?

Com esse breve *checklist*, que sempre utilizamos em nossa sabatina de rotina para empreender em novas atividades, temos condições de avaliar com mais clareza e menos coração, se nossa ideia realmente se tornará um projeto que "para de pé", como diz o Fernando, ou se nossa ideia é apenas uma inspiração e paixão momentânea.

Com fundamento nessas prerrogativas, estamos projetando, a partir de 2024, o início de nossa escalada no universo digital, onde teremos a possibilidade de, através da utilização de ferramentas e de inteligência artificial, levar nossos produtos e serviços ao mundo, posto que o ecossistema que estamos desenvolvendo poderá atingir e servir clientes em todos os países.

Nesse processo, é primordial entendermos nossas limitações e buscar parcerias e prestadores de serviços com *expertise* para desenvolver na prática tudo o que planejamos, afinal de contas, somos empreendedores e não *experts* de TI, plataformas e demais ferramentas do universo digital. Por isso, torna-se fundamental a escolha de parceiros e prestadores que tenham autoridade profissional para entender e converter nosso planejamento, dentro das regras e parâmetros regulatórios do mercado, pois do contrário, o projeto correrá risco de não performar bem.

"Performance é tudo!", palavras do Fernando. Não adianta um projeto ser agressivo e não trazer resultados; não adianta um projeto receber investimentos e não gerar sustentabilidade; não adianta um projeto ser inovador e não ter adesão de público; por isso, é fundamental que o projeto tenha performance, ou seja, que seja equilibrado para ter longevidade. Aliás, entendemos que o sucesso de qualquer projeto está diretamente ligado à longevidade e não a altitude. De acordo com o Fernando, "não adianta um projeto ter um sucesso estrondoso e curto (voar alto) e não ter longevidade (voar em segurança e longe). É sempre melhor termos uma boa altitude e boa velocidade de cruzeiro, do que buscarmos um resultado meteórico e com pouca robustez e duração!"

Por isso, podemos dizer que planejamento estratégico e visão de futuro estão intimamente ligados, pois um bom planejamento, define diretamente o que vai acontecer ao longo do tempo (futuro).

No empreendedorismo, é muito comum a ideia vir acompanhada de um pensamento de que tudo irá funcionar perfeitamente e de que o negócio será um sucesso absoluto e duradouro. Isso é comum porque é característica inerente de todo empreendedor, o otimismo e a execução, mas não tão inerente o planejamento estratégico. Geralmente, o empreendedor começa o negócio para depois fazer os ajustes conforme surgem as demandas ou até buscar orientação através de consultorias especializadas. Muitas das vezes, essa busca por orientação é tardia e sem efetividade na correção de rota para recolocar o projeto (negócio/empreendimento) no rumo certo.

Diante desse cenário, é sempre importante que o empreendedor entenda qual o seu perfil e busque, antes de iniciar o projeto, apoio profissional nas áreas em que não tem o completo entendimento ou expertise. Costumamos definir o empreendedor em quatro características macro: executor, comunicador, planejador e analítico. Sempre, invariavelmente, o empreendedor apresenta uma delas muito forte, acompanhada de uma segunda característica secundária. Ele nunca vai apresentar as quatro características concentradas, até porque o perfil executor, tende a se conectar mais com características do comunicador do que com as características do planejador ou analítico.

Em razão disso, é muito importante que o empreendedor entenda inicialmente o seu perfil e, na sequência, busque em seus parceiros, colaboradores ou consultores, os perfis necessários para trazer equilíbrio ao seu projeto. Por exemplo: se o empreendedor é executor e comunicador, faz-se necessário que ele traga para seu projeto uma equipe que tenha boas características de planejamento e análise, pois assim o planejamento fica equilibrado e sustentável.

Entendemos que, com essas informações, será possível todo empreendedor ter uma boa orientação de base para tomar decisões seguras, gerando impacto positivo ao empreendimento, tendo ferramentas para um bom planejamento estratégico, o que acarretará boas perspectivas de futuro.

O entendimento do processo aliado ao planejamento estratégico alicerça o resultado eficaz!

Mayra Peres e Fernando Semensato

DANI BRITO

Inquieta, sou feita de desafios.
Não me rendo, persisto com bravura.
O "não" me motiva, me instiga.

Realizadora incansável, produtora de sonhos.
Ver algo ganhar vida é o meu prazer.
Sou prática, reclamo pouco.

Sou resiliente, não desisto fácil.
Meu combustível diário? Pessoas.
Fazer a diferença na vida do outro é o meu maior propósito.

Eclética por natureza, mergulho em diferentes universos, a pluralidade e a variedade.

Graduada em Comunicação e pós-graduada em Marketing pela Católica, MBA em Negócios Internacionais pela Lincoln University, em Berkeley, Califórnia/EUA, venho conciliando minha carreira como empresária na área esportiva, pois tenho uma grande escola de *beach tennis* no Distrito Federal, e como consultora e palestrante na área de gestão e liderança.

danimbrito13
calangobeachtennis
playtennis_bsb
Dani Brito
danimbrito13@gmail.com

12 GESTÃO DE MUDANÇAS E AGILIDADE OPERACIONAL

Por Dani Brito

Quando você escuta a palavra "gestão", o que lhe vem à cabeça? Quando você escuta a palavra "mudança", quais as sensações, lembranças ou sentimentos que permeiam sua mente? Quando você escuta a palavra "agilidade", o que lhe ocorre? Antes de iniciar efetivamente o capítulo, convido você a embarcar nessa troca de experiências de forma associativa, ou seja, como esse tema se associa com sua vida pessoal ou profissional. Exercite a capacidade de correlacionar essa temática às experiências já vividas.

Comece pensando de que forma vem administrando sua vida. Desde muito jovens, recebemos tarefas que envolvem novos aprendizados. Aprendemos a falar, a ouvir, a andar e a correr; desenvolvemos o lado social, em que somos estimulados a interagir com outras pessoas; conhecemos os sentimentos, sobre os quais precisamos entender o que nos faz feliz, o que nos magoa, o que nos deixa triste, o que nos deixa com raiva e como lidamos com eles. Daí vem a parte que precisamos administrar o nosso dia a dia, na qual temos que fazer caber um monte de tarefas, responsabilidades e escolhas em 24 horas. Falando em escolhas, reflita desde quando você pratica isso. Por exemplo: que roupa deve vestir para cada ocasião? O que vai fazer com a sua mesada? Compra um celular ou guarda dinheiro para uma viagem? Mantém o cabelo mais conservador ou mais ousado? Qual profissão deve seguir? Segue sua vocação? São escolhas duras que, em geral, você faz com base em resultados, os quais podem lhe custar um prejuízo ou lucro moral, físico, financeiro ou até mesmo emocional.

Tenho certeza de que a essa altura você já pode fazer uma analogia de que sua vida nada mais é do que uma grande empresa e que você tem um cargo importante como administrador. Então, todos nós somos potenciais gestores? De certa forma, sim. Administramos decisões, tempo, problemas, sentimentos, relacionamentos, tudo em prol de um objetivo claro: a felicidade. E aqui não cabe julgamento de valor, se você é um bom ou mau gestor. O que vale aqui é que você, mesmo sem perceber, conhece o sentido da palavra "gestão", pois vive isso na prática, desde que se entende por gente.

Agora, vamos rever o verdadeiro significado do termo "gestão". Gestão vem do termo em latim "*gestione*" e configura o ato de administrar ou de gerir recursos, pessoas ou qualquer objeto que possa ser administrado com alguma finalidade: seja em benefício próprio ou de uma entidade.

Fazer gestão da sua vida, de um relacionamento ou de uma empresa, é a habilidade de conduzir processos e pessoas de forma a convergir com os objetivos e metas idealizados para o sucesso. E isso está bem diferente do que tínhamos há 20 anos, quando a velocidade dos acontecimentos e a inovação caminhavam em um ritmo bem mais lento do que a que testemunhamos hoje.

Esse novo cenário é a deixa para introduzirmos o termo "gestão da mudança". Mas antes de me aprofundar nesse assunto, que é um tema bastante delicado no universo empresarial, vou me permitir navegar um pouco e levar você a uma reflexão sobre por que somos naturalmente tão resistentes a mudanças.

A neurociência explica que o cérebro possui uma tendência natural de resistir às mudanças, pois ele busca segurança e conforto naquilo que é conhecido. Quando nos deparamos com mudanças significativas, nosso cérebro passa por um processo de reorganização neural, o qual é fundamental para nos adaptarmos às novas circunstâncias, desenvolvermos novas maneiras de lidar com os desafios e superarmos o sentimento de angústia que é gerado.

Então, voltando ao conceito de gestão de mudanças, podemos entender que a ideia de mexer na estrutura organizacional, de transformar processos ou mesmo de promover alterações na infraestrutura, pode causar resistência dos colaboradores.

Mesmo quando alterações são feitas visando melhorias, é comum que elas causem angústia e inquietação nas pessoas, despertando um sentimento de ameaça. Isso pode ativar resistências dentro das organizações.

Mas a mudança é inevitável, especialmente em um ambiente que demanda inovação. Diante disso, diversas abordagens foram desenvolvidas para nos ajudar a gerenciar a mudança. Para mim, John Kotter sempre foi uma grande influência e, com base em seu método e na minha experiência prática como gestora, elaborei um pequeno guia que me auxilia a lidar com mudanças de forma ágil, superando desafios e alcançando sucesso operacional.

1. **Planeje a mudança:** estabeleça uma estratégia e tenha um bom plano de ação.

- Qual é o prazo de implementação?
- Qual a porcentagem de adoção ou a taxa de rejeição esperada?
- Quanto de treinamento demandará?

Em um processo de mudança organizacional, construir uma visão adequada ajuda a eliminar gastos e tempo perdido, e contribui para motivar a equipe e facilitar a implementação de processos, uma vez que todos terão mais clareza de como será o resultado final. Para isso, é importante desenvolver estratégias para alcançar a visão, definindo metas realistas para mensuração do sucesso das ações.

2. **Tente não ser o impositor da mudança:** construa isso com o seu time de forma que eles sintam que são parte consensual dessa decisão. Para promover uma mudança efetiva, é essencial que todos os envolvidos se sintam parte na decisão deste processo. Entenda que não se trata de um esforço para fazer o seu time compreender o motivo da mudança, mas fazer o senso dessa necessidade partir dele. Só assim, o problema a ser resolvido ficará claro e você terá mais chances de sucesso.

Muitos processos de mudança fracassam por falta de adesão das pessoas e de preparo da empresa. Esses processos podem ser gatilhos para ativar a resistência dos funcionários à mudança e enfraquecer a gestão. Manter a comunicação aberta ajuda a identificar obstáculos para que você possa removê-los.

3. **Invista em uma boa comunicação:** seja transparente. Menos é mais. Invista em uma linguagem simples e coerente, mas use todos os canais de comunicação disponíveis. Estimule *feedbacks* e comunique a visão e a estratégia com recorrência.

Por menor que seja a mudança, a transparência da comunicação é essencial. E por maior que seja a mudança, os negócios não param para que ela seja implementada. A organização seguirá com sua rotina e demandas, as quais podem competir pela atenção das pessoas.

4. Celebre cada objetivo alcançado: consolide os ganhos de curto prazo para manter a mudança em progresso.

Crie metas de curto prazo. Celebre cada objetivo alcançado. Isso ajudará a manter o ritmo e a inspirar a continuidade dos esforços em favor da mudança. Nunca deixe de reconhecer os colaboradores com recompensas por cada conquista obtida.

O *mindset* ágil, a cultura da experimentação

Entendendo que vivemos em um ambiente competitivo, no qual as mudanças ocorrem de forma constante, a agilidade operacional, que gosto de definir como a capacidade da organização em perceber prematuramente as alterações em curso em seu ambiente e rapidamente reagir a elas, torna-se um exercício obrigatório.

Eu gosto de olhar para a agilidade operacional com um ***mindset*** essencial para esse mundo veloz em que vivemos. Por meio da adoção de fluxos de trabalho dinâmicos, a agilidade operacional contribui para a melhoria dos resultados e ganho na produtividade das equipes.

Essa habilidade envolve a capacidade de ajustar rapidamente a estratégia, a estrutura e os processos, mantendo os valores de criação e produção, aproveitando as oportunidades disponíveis. Essa capacidade de ajuste não apenas melhora a produção e o desempenho da equipe, como mantém a competitividade da empresa, pois a adoção da agilidade operacional resulta em economia de recursos e em investimentos mais estrategicamente inteligentes.

As técnicas conhecidas como SCRUM, LEAN e Kanban são fontes de inspiração para o desenvolvimento do meu próprio método ágil de gestão, no qual o foco está totalmente no problema, o trabalho é menos hierárquico e há mais ênfase na estrutura, disciplina e transparência.

Em vez de seguir um plano rígido, como na gestão tradicional, fiz ajustes e melhorias para corrigir falhas, garantindo resultados mais efetivos.

Revise os processos, proponha as mudanças e valide a ideia com seu público-alvo. Isso não deve consumir muito tempo. Deu errado? Mude alguma coisa e valide novamente.

O método ágil desempenha cinco funções cruciais para auxiliar na validação da estratégia durante os projetos. São elas:

- capacidade de adaptação: permitindo ajustes contínuos com base em *feedback* e novas informações;

- transparência;
- entrega contínua de valor;
- experimentação e aprendizado contínuo;
- colaboração e engajamento.

Com uma eficiente gestão de mudanças, é viável implementar novos processos sem desestabilizar a equipe ou a organização. Muitas vezes, tendemos a nos apegar à maneira antiga de fazer as coisas, mesmo quando a nova abordagem é mais eficiente. Ao minimizar as interrupções causadas por mudanças, um plano de gestão ajuda a equipe a reconhecer o potencial das novas transformações.

A agilidade operacional, em conjunto com uma sólida gestão de mudanças, nos permite alcançar padrões competitivos em termos de prazo, custo e qualidade, facilitando a constante exploração de oportunidades inovadoras e a criação de vantagens competitivas.

Vamos finalizar este capítulo refletindo sobre como suas experiências pessoais te orientam na jornada da gestão de mudanças e agilidade no mundo dos negócios. Encontre esses sinais. Entenda como suas escolhas e vivências podem assessorá-lo a dar o *start*. Conecte tudo isso aos *insights* que essa leitura lhe proporcionou e tire do papel seu plano ágil de mudanças.

Fica aqui o meu último pedido a vocês, leitores. Repita a reflexão inicial. Só que agora seja mais ágil. Use metade do tempo, ok?

Quando você escuta a palavra "gestão", o que lhe vem à cabeça?

Quando você escuta a palavra "mudança", quais as sensações, lembranças ou sentimentos que permeiam sua mente?

Quando você escuta a palavra "agilidade", o que lhe ocorre?

Se suas respostas foram as mesmas, tente ler o capítulo novamente.

Tão importante quanto aprender a andar, é aprender a fazer uma boa gestão. A maioria não faz. Assuma a responsabilidade para colher bons resultados.

Dani Brito

DEBORA GIANOTTO

Sou Debora Gianotto, natural de Cosmópolis/SP, resido em Campinas/SP onde atuo há mais de 30 anos com gestão de pessoas.

Sou formada em ciências contábeis, algumas especializações em gestão estratégica de pessoas e desenvolvimento do potencial humano nas organizações, *coaching*, PNL, hipnose, constelação corporativa e auditora ISO.

Sou especialista em *People Analytics,* atendendo empresas de pequeno e médio porte, liderei importantes projetos para o cenário econômico, obtendo várias premiações.

Sou uma eterna inquieta na busca do conhecimento, sempre me atualizando, participando de mentorias, congressos e *mastermind*. Acredito na força do *networking*.

debora.gianotto

Debora Gianotto

debora@deboragianotto.com

www.deboragianotto.com.br

Debora Gianotto - Gestão sem Crise

LIDERANÇA E PERFORMANCE

13 GERENCIAMENTO DE CRISES - LIDANDO COM SITUAÇÕES IMPREVISTAS

Por Debora Gianotto

Toda crise começa com pessoas

A experiência de três décadas na gestão de pessoas me proporcionou um profundo entendimento sobre a importância da antecipação e resposta eficaz a crises no ambiente corporativo. Neste capítulo, abordaremos o gerenciamento de crises na visão de gestão de pessoas, explorando a falta de processos, estratégias assertivas de contratação e análise de KPI's, hoje conhecido como *People Analytics*.

A natureza dos desafios inesperados

Em meu percurso, testemunhei inúmeras situações imprevistas impactarem as empresas; algumas estagnaram o crescimento por um período, outras não sobreviveram às crises. Sabemos e devemos reconhecer que crises podem surgir a qualquer momento, porém os processos de gestão desempenham um papel crucial, moldando a forma como uma empresa enfrenta e supera adversidades.

Uma gestão coesa e alinhada com a missão, visão, valores e cultura tende a superar a crise de formas mais lineares, pois todo o time está remando na mesma direção, ou seja, solucionar o problema. Toda crise só atinge proporções exponenciais quando esse alinhamento não existe ou não está tão claro e disseminado.

Durante minhas consultorias, vejo empresas com uma dicotomia absurda, onde o que os gestores, sejam eles donos ou não, dizem algo e fazem outra completamente diferente, como dizem: "Faça o que eu falo, mas não o que eu faço".

Identificação de processos errados ou inexistentes

Ao analisar as crises, muitas vezes descobrimos que processos de gestão inadequados ou inexistentes potencializam as crises. Estar atento a sinais de processos obsoletos ou mal implementados, ou até mesmo ausência de processos pode resultar em inúmeras consequências.

Processos mal definidos ou ausentes podem levar a uma execução ineficiente das tarefas diárias. Isso resulta em desperdício de tempo e recursos, afetando negativamente a produtividade da equipe, sem falar no impacto do fluxo financeiro.

Desalinhamento, discussões e mal-entendidos, entre os membros da equipe resultando em frustração e desmotivação prejudicando a performance dos colaboradores; tudo pelo motivo de terem dificuldade em entender suas responsabilidades e expectativas.

A falta de processos de gestão de pessoas pode impactar negativamente a experiência dos funcionários, levando a uma maior probabilidade de perda de talentos para outras empresas que ofereçam ambientes mais organizados e estruturados.

Falhas na comunicação interna resultam em informações desencontradas, retrabalhos, falta de transparência e dificuldades na colaboração entre as equipes.

Sem avaliação do desempenho individual e da equipe, impactará a capacidade da empresa de estabelecer metas, medir resultados e realizar avaliações eficazes; as avaliações são chamadas de KPI's, pois o que não se mede, não pode ser gerenciado.

Já a introdução tardia de processos pode encontrar resistência por parte dos colaboradores, que podem estar acostumados a práticas antigas. Isso pode dificultar a implementação efetiva de mudanças organizacionais da cultura necessárias e eficazes.

Se os processos não estiverem bem definidos ou forem mal executados, a qualidade dos produtos ou serviços pode ser comprometida. Isso pode resultar em clientes insatisfeitos, devoluções e perda de clientes, afetando a receita.

A ausência de balanço contábil, KPI's, estratégias tributárias, entre outras ferramentas que trazem clareza, podem levar a decisões financeiras inadequadas, aumentando os riscos de prejuízo.

A falta de dados precisos e oportunos prejudica a capacidade da empresa de tomar decisões corretas, pois dados incorretos faz com que a empresa siga por caminhos errados, o que será prejudicial a longo prazo.

Sem oportunidades de crescimento, inovação e expansão, com certeza irá resultar em perda de participação de mercado e competitividade.

O *employer branding* é fortemente influenciado pela forma como a empresa trata seus colaboradores. O grande calcanhar de Aquiles das empresas ruins para se trabalhar hoje, se chama Glassdor. Glassdor é um site semelhante ao Reclame Aqui dos colaboradores e ex-colaboradores, no qual eles podem reclamar e relatar tudo o que acontece na empresa, seja algo bom ou ruim.

Esse *site* é um canal de busca dos candidatos para saber se devem ou não se candidatarem para a vaga em aberto. Sendo assim, se você está com dificuldade de contratar bons colaboradores, dê uma verificada como esta os relatos da sua empresa no Glassdor. A falta de processos prejudica e muito a imagem da empresa como empregadora, afastando potenciais talentos.

People analytics como ferramenta de gestão

O *People Analytics* é uma abordagem que utiliza dados e métricas relacionadas aos colaboradores, a fim de tomar decisões estratégicas e melhorar o desempenho geral da empresa. Durante uma crise, o *People Analytics* pode desempenhar um papel crucial ao fornecer *insights* valiosos para ajudar as empresas a gerenciarem e minimizar os impactos da crise. A seguir, estão algumas maneiras de como o *People Analytics* pode ser útil.

Ao analisar dados sobre o desempenho dos colaboradores, absenteísmo, *turnover* e outros indicadores, as empresas podem identificar tendências que podem indicar problemas emergentes. Já os dados relacionados à produtividade e engajamento das equipes, podem avaliar um possível problema, qual é e onde está impactando diferentes setores e equipes.

A Gestão Estratégica de Pessoas otimiza a alocação de recursos humanos, assegurando que as habilidades certas estejam disponíveis nos lugares certos, especialmente em momentos críticos.

Através de pesquisas de clima organizacional, *feedbacks* e outras métricas de satisfação, as empresas podem avaliar o impacto emocional da crise sobre os colaboradores e implementar medidas para manter ou melhorar o bem-estar.

Identificando lacunas nas habilidades e competências dos colaboradores, as empresas podem implementar programas de treinamento e desenvolvimento específicos para garantir que as equipes estejam preparadas para enfrentar os desafios do crescimento, e expansão ou até mesmo uma crise.

Durante uma crise, é crucial ter um plano de sucessão eficaz. O *People Analytics* pode ajudar na identificação e desenvolvimento de talentos para garantir uma transição suave em posições-chave.

Como eu disse no início deste capítulo, toda crise começa com pessoas, sendo assim, que tal cuidar do processo de recrutamento e seleção?

Contratação assertiva e estruturada

Sabe a frase tão conhecida: "Vamos contratar, e se não der certo, desligamos com 90 dias"? Essa frase tem um custo gigante para a sua empresa.

Veja o quadro abaixo.

Se você fizer uma contratação com um salário de R$ 2.000,00 numa empresa de simples nacional, essa contratação errada vai custar R$ 1.160,00, porém a situação piora se a empresa teve lucro real ou presumido, pois o custo será de R$ 1.620,00.

É muito dinheiro jogado fora, né? Mas existe uma solução para minimizar esse "desperdício" financeiro.

Podemos minimamente organizar um processo de contratação assertiva e efetiva.

Alguns pré-requisitos são necessários. Abaixo está um *framework* de uma contratação assertiva e estruturada.

Esse *framework* irá direcioná-lo a um caminho onde os erros de uma contratação serão minimizados.

Na parte superior, ficam os processos de recrutamento e seleção. Na parte inferior, ficam os processos de um contratado, ou seja, de um colaborador.

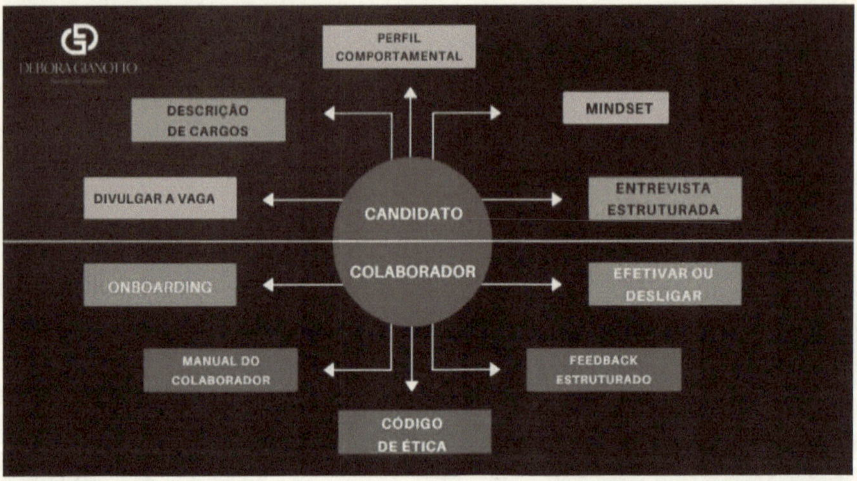

Pessoa certa no lugar certo é a chave para o sucesso. Pessoas felizes tem e trazem resultados.

Na encruzilhada da crise, não somos moldados apenas pelas circunstâncias adversas, mas, sim, pela nossa capacidade intrínseca de encontrar soluções. Cada desafio é uma oportunidade disfarçada, e a gestão eficaz da crise reside na coragem de transformar obstáculos em trampolins para o sucesso. Este capítulo é um convite para transcender a adversidade, abraçar a resiliência e descobrir, no calor da crise, a chama inspiradora da inovação e da superação. Desafie-se a ver cada crise como um capítulo revelador da sua jornada, e permita que a busca por soluções ilumine o caminho para um futuro mais resiliente e promissor.

A confiança não exclui o controle. Só quem teme a verdade dos números cria desculpas para não apresentá-los.

Debora Gianotto

FERNANDA VELLA

Sou Fernanda Vella, filha de pais incríveis, casada, mãe de um filho gerado em meu ventre e um de coração. Conquistei até aqui dois grandes projetos de vida, a constituição da minha amada família e uma empresa de desenvolvimento de pessoas.

Sou mentora, escritora, especialista em desenvolvimento humano e organizacional, *master trainer* comportamental e *master coach*. Contribuo com grandes organizações na área de gestão de pessoas há mais de 20 anos.

Sou fundadora da Power Desenvolvimento Humano, e meu propósito como empreendedora é impulsionar empresas em fase de expansão nos negócios, entregando soluções personalizadas com excelência e humanidade. Minha vida não foi fácil, transformei desafios em oportunidades de evoluir e hoje ensino o que aprendi.

vella.fernanda

powerdhumano

Fernanda Vella

fernandavella@powerdhumano.com.br

(11) 97499-9227

14 7 PASSOS PARA UMA LIDERANÇA ÉTICA: O CAMINHO PARA O SUCESSO

Por Fernanda Vella

Liderança e ética são temas que, apesar de antigos, continuam atuais e em alta no mundo dos negócios, e isso mostra o quanto abordá-los é necessário, aliás, não é errado afirmar que muito se fala, mas pouco se pratica em sua essência. É fato que estamos evoluindo nesse sentido, porém, ainda temos uma longa jornada a percorrer para poder dizer que todos os profissionais que ocupam posições de liderança, são líderes de verdade.

Liderança não se trata somente de uma competência, e sim, de uma série delas. Para ser líder é preciso no mínimo gostar de pessoas, pois esse é um papel que exige muita responsabilidade e sensibilidade, o qual nem todos nasceram para ocupar. Além disso, liderança e ética devem obrigatoriamente caminhar juntas para garantir uma condução justa e humana.

Ser líder não é ser chefe. Um líder ético age com maturidade e respeito; mesmo estando no comando, ele não manda, ele pede ou sugere algo. Sim, ele é um decisor: ensina e direciona, mas abre espaço para o seu time brilhar. Ele estimula e valoriza a participação de todos porque sabe que o seu resultado é a soma do resultado de toda a equipe.

Ser especialista nos processos da sua área de atuação, não significa saber gerenciar pessoas. Uma liderança ética tem clareza de que as pessoas são diferentes, aprendem e sentem de maneiras diferentes e, portanto, devem ser tratadas com individualidade e isso faz toda a diferença na performance de cada profissional.

O mundo está constantemente passando por inovações, e para acompanhar as mudanças é preciso se adaptar com mais velocidade e flexibilidade. Não é somente a ciência e a tecnologia que evoluem, a humanidade também vive uma nova fase na qual as pessoas olham muito mais para si mesmas. Vivemos um momento de descobertas, de autoconhecimento e, consequentemente, de novas cobranças, expectativas e valores.

A nova geração de profissionais busca bem-estar. O trabalho tem que fazer sentido, os valores organizacionais devem estar alinhados com os valores pessoais. A visão de futuro da empresa deve combinar com as expectativas pessoais e sonhos do profissional, caso contrário, ele vai se sentir no lugar errado. E peça que não encaixa no quebra-cabeça, por mais especial que seja, será perdida ou dispensada. Esse cenário gera perdas, frustração e desgaste para ambas as partes.

Antes, as pessoas deixavam seus empregos apenas quando recebiam propostas com salários maiores ou uma oportunidade de posições melhores, a visão estava no plano de carreira. Nos dias de hoje os profissionais deixam seus empregos principalmente por causa da chefia direta, porque não se sentem pertencentes, respeitados ou reconhecidos e até mesmo porque não concordam com a cultura institucional e a forma que ela é disseminada. Os profissionais colocam seus esforços em instituições ou organizações que olhem para as pessoas como pessoas, onde se sintam parte.

Pesquisas conduzidas pelas maiores e melhores consultorias mundiais revelam que em média 80% dos pedidos de demissão acontecem devido a algum descontentamento com a conduta da liderança. São vários os motivos apontados, entre eles: promessas não cumpridas, ausência de *feedback* ou *feedbacks* ofensivos, comunicação ruim ou agressiva, falta de ética, reconhecimento ou incentivo.

Para a realidade e necessidade atual, não cabe mais a falta de humanidade. Se o homem mudou, a forma de liderar pessoas precisa urgentemente ser atualizada. Não há mais espaço para lideranças sem ética, que não sabem como apoiar, desenvolver e estimular a motivação da sua equipe. Ética é comportamento, hábito, conduta. Portanto, qualquer ser humano pode aprender a agir com ética.

A grande questão é que muitas empresas perdem talentos porque seus gestores não têm clareza de que não estão liderando o time, por não saber exatamente como fazer isso. Em muitos casos por falta de conhecimento ou de experiência, porque foram jogados na oportunidade de liderar. Em outros casos, porque sempre gerenciaram assim e conseguiram bons resultados. Naturalmente, não estão cuidando dos profissionais como principal recurso da organização.

Líderes são vendedores dos valores organizacionais, são multiplicadores de cultura e, sem o empenho deles, a satisfação dos colaboradores será consideravelmente menor. Significa que se o líder não cumprir seu papel com integridade e ética, logo ele está vendendo algo divergente daquilo que os donos desejam e pode inclusive denegrir ou atrapalhar o posicionamento da marca. Por esse motivo, todo empreendedor, dono ou CEO de uma empresa precisa investir no time de liderança para garantir que eles estejam alinhados com o propósito da instituição, que sejam capazes de multiplicar a cultura, alinhar expectativas e gerar bem-estar através de uma liderança ética, responsável e humanizada.

Com mais de 20 anos de carreira na área de desenvolvimento humano, aprendi com muitos mestres e conheci a teoria de muitos autores, mas foi a minha própria experiência desenvolvendo times de liderança que me fez entender o caminho. Criei um programa de desenvolvimento de liderança através de um método acelerador do potencial humano, pois acredito que, quando um líder entende o seu verdadeiro papel, ele se levanta todos os dias para fazer a diferença. Compartilho, com muita satisfação, um caminho valioso para uma liderança ética e de inevitável sucesso.

Desperte a sua liderança ética seguindo 7 passos indispensáveis:

1º passo: aja com justiça. Para exercer uma liderança justa é preciso conhecer com profundidade o negócio, bem como, sua história, missão, visão de futuro, valores, o código de ética e conduta, o propósito e a cultura desejada pelos donos. Esse pacote é imprescindível para que um líder entenda mais amplamente o cenário no qual está inserido e possa analisar os riscos e tomar decisões com mais consistência e segurança.

2º passo: conheça a si mesmo. O autoconhecimento nos permite enxergar a verdade sobre nós mesmos, termos clareza das nossas fortalezas e fraquezas, entender com mais profundidade quem somos, quais são nossos talentos, como costumamos nos comportar, quais são nossas principais competências, o que devemos vigiar, e o que devemos trabalhar para melhorar. Quando nos colocamos em estado de vulnerabilidade, conseguimos nos conectar com a nossa essência e transformar o que precisa ser transformado, além disso, a nossa sensibilidade como ser humano aumenta, nosso julgamento diminui e somos mais capazes de compreender o outro, por isso, conhecer a si mesmo é tão essencial.

3º passo: conheça e desenvolva pessoas. Quanto mais um líder conhece o seu liderado, melhor ele será capaz de desenvolvê-lo. Seja versátil e aprenda a adaptar as estratégias de acordo com a necessidade de cada um. Desenvolver pessoas não está relacionado apenas com aplicar técnicas e ferramentas. Como você vai conduzir esse processo é o que vai garantir a eficácia dele. E para definir esse caminho, é preciso conhecer como funciona o profissional em questão. O líder precisa estabelecer uma relação de confiança com o liderado para acessá-lo. Quando isso acontece, o que for proposto pelo líder será mais bem aceito e os desafios ficarão mais leves. O liderado saberá que não está sozinho e se sentirá apoiado e valorizado.

4º passo: aja com humanidade. Não há como ser um líder ético, sem ser humano. As pessoas buscam por acolhimento e compreensão. O ser humano precisa ser visto. Olhe nos olhos com igualdade. Ouça na essência. Conecte-se com o seu semelhante para entender a sua real necessidade colocando-se numa condição de curiosidade e depois de mestre conselheiro. Use e abuse da empatia para julgar menos e compreender mais. Tenha clareza de que por trás de todo comportamento inadequado, existe uma ferida que não foi curada. Uma dor que grita desesperadamente por ajuda e, muitas vezes, o remédio virá de você. Um líder ético cuida do seu time.

5º passo: promova o respeito, a diversidade, a igualdade e a equidade. Lute contra o preconceito em todas as suas esferas. O mundo precisa evoluir ainda mais rápido nesse aspecto. O respeito é lei para o bom convívio entre os homens. Enquanto líder ético, ensine sobre respeito, respeitando. Ensine sobre diversidade compondo um time diverso e conquiste um cenário de grande riqueza, formando times fortes e robustos em seu potencial. As diferenças são saudáveis, dessa forma é possível gerar aprendizado mútuo por meio da troca de experiências. Os talentos se completam e entregam muito mais para a organização. Além disso, nunca se esqueça de tratar as pessoas com igualdade, todos merecem ser vistos, e por fim, não há nada mais ético do que promover a equidade. Conduzindo as pessoas com esse olhar, todos ganham, mas ser o responsável por promover a paz através de atitudes de humanidade, não há valor que pague.

6º passo: ensine pelo exemplo. Líder, você não é o que você diz, você é o que você faz. As suas atitudes determinam como as pessoas vão enxergar você. As suas escolhas, comportamentos e conduta dirão a eles quem você é verdadeiramente. Como aprendizes, muitos seguirão os seus passos, por isso, ande por caminhos que não poderão ser questionados, tome decisões honestas, faça escolhas conscientes. Seja exatamente aquilo que você espera do outro.

7º passo: deixe seu legado por onde passar. Liderança ética é a arte de direcionar e desenvolver pessoas, extraindo delas o que há de mais incrível, com respeito, justiça e humanidade. O profissional que é visto, apresenta resultados extraordinários. Se você escolheu ser líder, seja ético e exerça o seu papel com amor. Entenda que quando você ocupa esse lugar, você contribui de alguma forma para um mundo melhor. Por isso, plante continuamente sementes em todos os tipos de solo, dê a mesma importância a cada plantio, mesmo quando não puder esperar para ver florescer, apenas faça o seu melhor. Você está construindo um legado, afinal, como você quer ser lembrado por aqueles que cruzarem o seu caminho? Deixe a sua marca por onde for.

Liderança ética é a arte de direcionar e desenvolver pessoas, extraindo delas o que há de mais incrível, com respeito, justiça e humanidade.

Fernanda Vella

GILBERTO ALVES

Sou Gilberto Alves, natural de Caruaru/PE, onde resido com a minha amada família: minha esposa Shirley Alves, com quem sou casado desde 2009, e meu filho João Miguel.

Sou consultor na área estratégica, mentor de líderes, além de CEO da ERG Desenvolvimento em Gestão.

Depois de 12 anos trabalhando como CLT na mesma empresa, sendo 8 anos como líder na Auditoria, comecei a empreender como consultor no ano de 2015 e, em 2016, fui convidado para fazer parte da ERG, empresa de consultoria e treinamento que atualmente tem 28 anos. Eu me tornei sócio em 2017 e comprei sua totalidade em 2021.

Estou há mais de 15 anos estudando sobre liderança e gestão e contribuindo para a formação de outros líderes de diferentes estados.

Superei grandes desafios e provei que é possível mudar a própria vida através do autoconhecimento e do compromisso de ajudar pessoas a se desenvolverem e evoluírem.

souerg

www.souerg.com.br

contato@souerg.com.br

(81) 99963-1912

15 DESAFIOS DA SAÚDE MENTAL NA LIDERANÇA

Por Gilberto Alves

A primeira vez que esse tema chegou até mim foi em 2013, quando um membro da minha equipe foi diagnosticado com síndrome do pânico e precisou se afastar da empresa por recomendação médica. Foi um choque misturado com estranheza por não saber o que eu poderia fazer.

Em 2016, quando comecei a trabalhar na ERG, empresa de consultoria e treinamento, que tem a psicanálise como uma das fontes da sua metodologia, foi que verdadeiramente comecei a entender o quanto a saúde mental era muito mais complexa e vital do que era falado nas organizações.

Passei a ter o compromisso em estudar e desenvolver um trabalho mais atento para essa temática. Só não imaginei o quanto esse tema ficaria central em minha vida, não só por assessorar empresários e suas equipes a passarem pelos desafios do dia a dia, amplificados por crises econômicas, financeiras e políticas, mas, principalmente, pela crise trazida pela pandemia do Covid-19, quando após ser contaminado e ter graves complicações, desenvolvi crises de ansiedade que me possibilitaram experienciar o outro lado da saúde mental.

Falar de saúde mental parece óbvio, porém, já foi um assunto desconsiderado e até mesmo desdenhado. Apesar de ser mais falado, não podemos nos enganar, pois a saúde mental ainda é bastante subestimada, além de vir acompanhada de preconceitos, modismos, diagnósticos errados e até romantização.

Essa dinâmica é complexa e desafiadora, pois gera na liderança uma dicotomia entre cuidar da saúde mental da equipe ou da do líder. Duas partes que deveria fazer parte de um todo, entretanto, são quase que antagonistas, colocando o líder e equipe em lados, muitas vezes, opostos.

A pergunta é como desfazer essa dicotomia e transformar a saúde mental do líder como parte da saúde mental da equipe reciprocamente?

Para aprendermos a lidar com essa dicotomia, trazendo a saúde mental para um local de condição fundamental para liderar e performar de forma eficaz, precisamos entender os 5 principais desafios e as práticas que podemos usar para superá-los.

1. Falta de conhecimento

Muitos líderes lideram de forma intuitiva e empírica, porém, pensar que o conhecimento adquirido apenas pela própria percepção e pela experiência é o suficiente é um equívoco e, frequentemente, mascara a falta de disponibilidade do líder em aprender, lendo, pesquisando, estudando ou conversando com referências na área.

Sem dúvidas, o conhecimento adquirido pela percepção e experiência é importante, mas quando o líder se limita a isso e não busca estudar sobre liderança, gestão de equipe, saúde mental etc. fica preso em si e deixa de evoluir por conta do que o ambiente externo e terceiros tem para oferecer.

É comum esses líderes não possuírem repertório suficiente para lidar com as dinâmicas do dia a dia, principalmente questões como ansiedade, depressão, pânico, exaustão, esgotamento, entre outras. Assim, esses assuntos acabam sendo tratados com descuido, e com isso, as relações se tornam desconectadas, superficiais e enfadonhas. Esses líderes se tornam bitolados.

Para não cair nessa armadilha, o líder deve sempre estar disposto a aprender e até mesmo reaprender, pois as boas práticas de hoje, não necessariamente, continuarão boas amanhã.

2. Transferência de responsabilidade

Essa transferência dá nome ao processo de se eximir de qualquer responsabilidade sobre suas decisões e consequências, repassando-a para terceiros. Isso acontece quando não sabemos lidar conosco, a fim de se livrar do processo de culpa e se manter sem assumir a responsabilidade sobre a nossa vida.

Muitos líderes culpabilizam suas equipes por resultados ruins e outros problemas para não enxergarem a incapacidade de lidar com as situações. Usando a culpa como uma fuga das suas responsabilidades ao mesmo tempo que usam como uma proteção para não sair da zona de conforto.

Isso pode ser apenas a ponta de algo muito maior que precisa ser identificado e tratado, permitindo assim ao líder, assumir o seu lugar de liderança e ajudar, por meio do diálogo, os membros da equipe a assumirem as suas responsabilidades para focar nas soluções e no que devem fazer ao invés de focar no problema e no que foi deixado de fazer.

Em outras palavras, essas pessoas devem assumir suas fragilidades intelectuais e emocionais sem transferi-las para terceiros, mas adotando uma postura proativa, sem focar só nas causas, mas na solução, ou seja, no que é necessário a ser feito para solucionar a questão.

3. Cultura do vitimismo

Todos nós buscamos de alguma forma atenção e aceitação, e o vitimismo se tornou quase uma moeda social para atenção e aceitação. E é fácil identificar esse comportamento, pois também está ligado a transferir para os outros as suas responsabilidades, ficando estagnado no seu próprio vitimismo.

É semelhante ao desafio da transferência de responsabilidade, porém nesse caso, a busca não é só por culpabilizar, mas, sim, a busca por ganho secundários, tais como que os outros passem a ajudá-lo, dando coisas e auxiliando-o a fazer o que ela não faz.

Quando falamos de saúde mental a cultura do vitimismo é extremamente nociva, já que o vitimismo se tornou algo que vem crescendo na nossa cultura e leva pessoas que deveriam receber apoio e tratamento, a acharem que esses problemas não são internos, e sim externos, ou seja, que elas não precisam de apoio e tratamento, mas de pessoas fazendo por elas, assumindo suas responsabilidades.

O líder tem o papel de perceber o seu próprio vitimismo e o da sua equipe, identificando pontos de apoio, questões comuns e realizar acordos para uma liderança e gestão eficiente.

4. Distorção entre desejo e realidade

Desejamos ser, ter, fazer. Ter desejos faz parte de quem nós somos, entretanto, romantizamos o desejo focando só no resultado dele e acabamos esquecendo que, entre eu desejar e tornar realidade, existe um caminho a ser construído.

Esse fenômeno foi intensificado com o uso das redes sociais, que nos faz comparar nossa vida com pessoas que, várias vezes, não conhecemos e a idealizamos por fotos e vídeos de recortes das suas vidas, sem nem saber se representam a realidade.

As comparações entre a vida comum com a vida idealizada de alguém, que talvez só exista nas redes ou no imaginário, faz surgir e nutrir sentimentos como o de incapacidade e não merecimento, pois a sensação é que todos estão bem, menos você, o que pode ser uma porta de entrada e amplificar vários transtornos mentais.

Isso leva a uma desconexão com a realidade, e muitas pessoas passam a querer que a vida seja igual aos recortes consumidos nas redes sociais, levando um número de pessoas cada vez maior a colocarem seus líderes, liderados e empresas, como vilões que impedem o alcance desse desejo.

Os números de pessoas com transtornos mentais, independentemente de serem ou não líderes, só cresce e muitos líderes estão nessa situação e/ou não estão sabendo como lidar com ela.

Para não ficar preso nesse círculo vicioso, o líder deve incluir no seu processo de liderança, ações e rotinas que gerem conexão com a equipe, com a realidade e o com tempo presente. Essa tarefa não é fácil e deve ser planejada e, principalmente, constante.

5. Liderança utópica (tradicionalista x modernista)

Existe quase que uma guerra velada entre a liderança tradicionalista e modernista. Como se uma precisasse sobrepor a outra, criando uma ideia fantasiosa que é possível aplicar um só estilo de liderança.

De um lado temos estilos de liderança mais tradicionalistas, que pregam a obediência irrestrita à hierarquia e às normas, procurando colocar tudo e todos em uma perspectiva linear de certo ou errado. O foco é o cumprimento de processos e ordens para o alcance de resultados.

Do outro lado, temos os tipos de liderança modernistas, ou seja, que visam romper com o modelo tradicionalista, pregando seguir a hierarquia quando se está conectado e com normas permissivas. O foco é motivar pessoas para que elas façam o seu trabalho.

Ambas as visões são ineficientes e negligentes quando aplicadas sozinhas, em especial, quando falamos de saúde mental, já que a sociedade tem mudado e as relações estão mais únicas, profundas e complexas. E a outra, por criar um idealismo em que as normas e as relações são tratadas com superficialidades e permissividade.

Não se considera o equilíbrio entre comprometer engajando as equipes e garantir o alcance dos objetivos e metas.

Os desafios citados dificultam os líderes notarem isso e saberem lidar com a saúde mental pessoal e da equipe a fim de criarem soluções que permitam alcance dos resultados pretendidos.

Não existe fórmula mágica, porém existem boas práticas fundamentas para essa transformação.

Comece buscando o autoconhecimento. Mergulhe em você mesmo, sem medo e preconceito, permitindo-se mudar o que sabe, o que faz e até quem é, mantendo apenas o compromisso com o aprendizado e evolução.

Não se isole! A liderança não precisa ser sempre solitária, você pode e deve envolver a equipe no processo de planejamento, acompanhamento, avaliação e decisão. Troque experiências com outros líderes e procure interagir com pessoas que possam ajudar você a evoluir.

Vá além de ter um estilo de liderança, incorpore um método, assim você vai alinhar aspectos comportamentais ao uso de técnicas, procedimentos e ferramentas baseados em um plano.

Esqueça o autoritarismo, reforce a autoridade, crie um projeto que respeite a individualidade de cada membro da equipe, mas imerso nas necessidades coletivas (equipe e empresa).

Foque em realizar acordos e não em fazer consensos. Um acordo não precisa surgir de um consenso, e sim, do compromisso com o que precisa ser feito.

Lembre-se de que saúde mental precisa de apoio, tratamento, bem como respeito e compreensão. E uma das formas de fazer isso é estudando e falando mais!

Agora é com você! Quais os seus 3 maiores desafios ao lidar com saúde mental? E quais ações você vai colocar em prática para evoluir enquanto líder?

Mergulhe em você, sem medo e preconceito, permitindo-se mudar o que sabe, o que faz e quem é, mantendo apenas o compromisso com o autoconhecimento.

Gilberto Alves

GISELE COELHO

Sou Gisele Coelho, natural do Rio Grande do Sul, onde resido com minha amada filha Maria Clara e com o meu marido e incentivador Roger Steffen. Há 14 anos atuo na área de gestão de pessoas, especializando-me em desenvolvimento organizacional, oferecendo mentorias de carreira para mulheres em busca de seu propósito e compartilhando conhecimento como palestrante.

Minha paixão pela gestão de pessoas nasceu durante uma pausa não programada na minha vida, motivada por questões de saúde. Essa experiência transformadora me conduziu a uma profunda gratidão, impulsionando-me a entregar o meu melhor para o mundo.

gisabc

Gisele Coelho

gisacoelho@gmail.com

LIDERANÇA E PERFORMANCE

16 BEM-ESTAR NA LIDERANÇA: O CUIDADO QUE TRANSFORMA

Por Gisele Coelho

Em um mundo dinâmico e desafiador, os líderes enfrentam um cenário complexo que se estende além das demandas profissionais, impactando diretamente a saúde de sua equipe. A busca incessante por excelência, a pressão por resultados e o aumento das responsabilidades podem levar a uma autoexigência exacerbada e ao perfeccionismo, contribuindo para níveis elevados de estresse e ansiedade.

A pandemia da Covid-19 trouxe consigo a "pandemia digital", em que a constante conectividade, reuniões virtuais e sobrecarga de comunicação on-line afetam a capacidade dos líderes de gerir eficazmente o tempo. A gestão do tempo torna-se uma habilidade crucial para evitar o esgotamento, sendo necessário estabelecer limites e prioridades.

A saúde mental dos líderes está intrinsecamente ligada ao ambiente de trabalho. A falta de suporte emocional, a ausência de espaços seguros para discussões sobre bem-estar e a pressão para manter uma imagem de liderança inabalável contribuem para o desgaste emocional, muitas vezes invisível aos olhos corporativos.

Esses desafios impactam diretamente a equipe, criando um ambiente de trabalho tenso e afetando a segurança psicológica, o engajamento e a produtividade. Embora a busca por excelência resulte em entregas de alta qualidade, pode comprometer a agilidade, transformando líderes em figuras operacionais em detrimento de estratégicas. A ausência de reconhecimento e o ciclo de pressão resultam em ansiedade, estresse e, em casos extremos, *burnout*.

Ansiedade, estresse e *burnout* representam desafios significativos, e a liderança desempenha um papel central na mitigação desses impactos.

Líderes eficazes reconhecem os sinais de ansiedade e estresse, cultivando uma cultura organizacional que valoriza a saúde mental. Ao criar um ambiente aberto para discussões sobre bem-estar e promover práticas que reduzam a pressão, os líderes podem contribuir significativamente para minimizar esses problemas.

A "pandemia digital" intensificou as características do mundo VUCA e BANI, impactando a gestão do tempo, o estabelecimento de metas claras, o uso de ferramentas de produtividade e a definição de limites para uma gestão eficaz. VUCA descreve um ambiente desafiador e em constante mudança, enquanto BANI destaca a natureza quebradiça e frágil do ambiente, a ansiedade gerada pela incerteza, a natureza não linear das mudanças e a incompreensibilidade das situações.

A pressão constante resulta em impactos diretos na saúde física e mental dos membros da equipe, prejudicando a qualidade de vida e a eficiência no trabalho. A falta de gestão efetiva do tempo intensifica esses desafios, afetando não apenas a saúde do líder, mas permeando todo o ambiente organizacional.

A insuficiência de saúde mental do líder repercute diretamente na segurança psicológica, no engajamento, no clima organizacional e na produtividade. O exemplo prático da liderança torna-se um padrão, transmitindo assim a ideia de que a evolução na carreira exige sacrifícios extremos, como a falta de equilíbrio entre vida profissional e pessoal.

Segurança psicológica é o ambiente no qual a equipe se sente segura para assumir riscos, expressar ideias e compartilhar preocupações, contribuindo para uma cultura de trabalho saudável. Líderes devem criar uma cultura que valorize o aprendizado com erros, forneça *feedback* construtivo e promova a aceitação de opiniões diversas.

Importante destacar que ser líder diverge da função de ser gestor de uma equipe. Um líder é aquele que, por meio de suas ações, inspira, influencia e se torna um exemplo para os demais. Não se trata apenas de um cargo, título ou nomeação. Existem dois tipos distintos de liderança:

Liderança institucional: Na esfera corporativa, a liderança institucional envolve a gestão de processos e/ou pessoas. O líder atua na organização, direcionamento, escuta e apoio, buscando alcançar resultados coletivos em benefício da organização.

Liderança pessoal ou autoliderança: surge quando o indivíduo assume a responsabilidade por sua vida, escolhas, jornada e carreira. A autoliderança é mais complexa, uma vez que depende do autoconhecimento e da capacidade de tornar-se uma fonte de inspiração e influência para si mesmo. Embora possa parecer algo individualista, a autoliderança reflete tanto na equipe de trabalho quanto na vida familiar do indivíduo.

É na relação entre o desenvolvimento pessoal, a autoliderança e a liderança institucional que encontramos a principal ligação com a saúde física e mental. Sabemos da importância da saúde física e mental para o bem-estar e a motivação das equipes. Pesquisas mostram que a qualidade de vida e o reconhecimento pessoal onde o indivíduo se sente respeitado, valorizado e com um tratamento personalizado pela liderança, são mais significativos do que os incentivos financeiros.

Algumas ações no dia a dia da liderança podem transmitir esse reconhecimento pessoal:

Liderança exemplar: seja um líder transparente, esteja aberto a ouvir as preocupações, ideias e *feedbacks* da equipe, esteja presente, faça perguntas, expresse preocupações, encoraje a equipe a compartilhar opiniões.

Gestão do tempo: reduza o número de reuniões e tenha presença física, é uma boa forma de ter eficácia na gestão do tempo.

Reconhecimento das vitórias: Promova um ambiente que celebre as conquistas, mesmo as pequenas.

Aprendizagem com erros: enfatize a aprendizagem através dos erros, em vez de punição. Lembre-se que erros produzem um ambiente de melhoria e inovação.

Vulnerabilidade e conexão: demonstre vulnerabilidade, pois isso não é um sinal de fraqueza, mas um caminho para construir conexões significativas com a equipe.

Autoconhecimento e valores: destaque a importância do autoconhecimento e o alinhamento com valores pessoais para a equipe.

Delegação transformadora: delegue responsabilidades e acompanhe o desenvolvimento da equipe. Um líder transformador reconhece que a autoliderança é o alicerce essencial, investindo em autoconhecimento através de terapias e práticas como *mindfulness*. Estratégias práticas, como diários emocionais para desenvolver a inteligência emocional, tornam-se ferramentas valiosas.

Diário emocional: reserve alguns minutos diariamente para refletir sobre suas emoções, identificando os gatilhos emocionais e os padrões de resposta. Registre essas observações em um diário, incluindo as estratégias que você implementou para lidar com essas emoções. Ao longo do tempo, revisite suas anotações para ganhar *insights* sobre seus padrões emocionais e como você pode aprimorar suas habilidades de autorregulação e gestão emocional. Essa prática promove a autoconsciência emocional e contribui para o crescimento contínuo da inteligência emocional.

Existem algumas estratégias que apoiam a gestão de tempo e repercutem na saúde tanto do líder quanto da equipe; ferramentas colaborativas, comunicação aberta e programas de bem-estar tornam-se aliados para equilibrar responsabilidades e promover o bem-estar.

Gestão de tarefas e ferramentas colaborativas: utilize ferramentas de gestão de projetos e colaboração, como Trello, Miro ou Microsoft Teams. Essas ferramentas permitem que você possa atribuir tarefas de maneira equitativa, definir prazos realistas e garantir que os membros da equipe tenham os recursos necessários para cumprir suas responsabilidades.

Líderes influentes estabelecem e promovem uma cultura que valoriza a saúde física e mental. Ao modelar comportamentos saudáveis, eles criam um ambiente que reconhece a importância do bem-estar, promovendo uma mentalidade positiva e resiliente diante de desafios.

A liderança transformadora emerge como inspiração crucial para reverter esse cenário. Pausas regulares, respeito aos intervalos, negociação de prazos e a promoção do equilíbrio entre desafios e recursos tornam-se práticas para criar um ambiente motivador e de alto desempenho.

O líder eficaz vai além da busca pela excelência, incorporando práticas que preservam a saúde mental, aliando uma cultura organizacional que valoriza o equilíbrio para inspirar equipes e promovendo um ambiente de trabalho saudável e produtivo. Ao adotar estratégias práticas, os líderes não apenas mitigam desafios, mas também moldam um futuro em que a saúde é prioritária.

Ideias para desenvolver a prática de um ambiente saudável:

Programas de bem-estar: implemente *workshops* de exercícios físicos, sessões de meditação ou atividades de *team building*, a fim de encorajar a participação voluntária e integrar essas atividades na rotina para promover a saúde física e mental.

Comunicação aberta e canais de apoio: estabeleça canais de comunicação abertos, como sessões regulares de *feedback* e disponibilidade para discussões individuais, criando assim, um ambiente onde os membros da equipe sintam-se à vontade para compartilhar preocupações e oferecer suporte quando necessário.

Treinamentos de resolução de conflitos: realize *workshops* ou treinamentos em resolução de conflitos, capacitando a equipe com habilidades para lidar eficazmente com conflitos, promovendo um ambiente saudável e a redução do estresse.

Encerramos este capítulo compreendendo que liderança vai além de relatórios e metas, está na pausa para um café, na negociação de prazos realistas, na aceitação de que a perfeição nem sempre é a meta. Entendemos que, além das videoconferências intermináveis, existe uma jornada humana, com altos e baixos.

Que cada líder se veja como curador de ambientes saudáveis, onde a saúde física e mental não são uma opção, mas uma prioridade. Que, ao fechar este capítulo, cada líder se torne responsável por construir espaços onde a jornada seja transformada em uma narrativa de respeito, colaboração e bem-estar.

O sucesso se revela na qualidade de vida, transformando cada jornada profissional em uma busca contínua pelo equilíbrio.

Gisele Coelho

GUILHERME SILVA

Eu me chamo Guilherme Silva, venho de Porto Alegre/RS e sou casado com minha amada esposa Nicolle Manduré. Sou mentor, empreendedor e palestrante e já tive a oportunidade de orientar milhares de pessoas em temas como liderança, gestão e desenvolvimento humano no Brasil, Portugal e Espanha.

Desde cedo, sinto profunda admiração por aqueles que dedicam sua vida a causas que transcendem suas próprias necessidades. Na escola, gostava de me candidatar como líder de turma. Enxergava que, assim, seria mais útil aos meus colegas.

Ao construir novas experiências na vida, seja através do esporte, uma paixão que tenho, ou da graduação em Administração e, anos mais tarde, do MBA em Liderança, amadureci minha visão sobre uma liderança de impacto. Entendi que grandes líderes se doam de corpo e alma ao propósito, sem ver a quem, com uma mentalidade de serviço, visão apurada e eficiência.

eusouguilhermesilva

Guilherme Silva

guilherme@renos.com.br

(51) 99788-6565

LIDERANÇA E PERFORMANCE

17 MENTORIA E DESENVOLVIMENTO DE LIDERANÇAS EMERGENTES

Por Guilherme Silva

Tive o privilégio de iniciar cedo minha carreira no mercado de trabalho, transitando por diferentes áreas, perfis de equipe e segmentos – dentre eles engenharia e infraestrutura, tecnologia, varejo, indústria, educação e até terceiro setor – e atuar com times no Brasil, Espanha e Portugal. Ainda que o contexto se diversificasse em termos de produtos e serviços, sempre observei uma chave em comum em todos esses ambientes: a qualidade do desenvolvimento de novos líderes desenhava o cenário de sucesso ou fracasso de cada local.

No mundo todo, há um desafio constante de orientar novas gerações para que construam uma trajetória de exemplo e resultados. Se por um lado, a evolução tecnológica nos permite democratizar o conhecimento e conectar diferentes regiões com um simples toque no smartphone, há uma outra perspectiva alarmante de que o acesso, desde os primeiros anos de vida, a telas, jogos e vídeos tem ampliado as camadas da zona de conforto do ser humano, gerando dependência e desconexão da realidade.

Atualmente, segundo pesquisa da instituição de consultoria global Great Place to Work, aproximadamente 75% das pessoas se mostram desengajadas em seu ambiente de trabalho, ou seja, não estão satisfeitas com suas atividades. Somado a isso, oito em cada dez funcionários pedem demissão por conta da relação com seu chefe. Imagine, agora, o tamanho do desafio de uma sociedade em que grande parcela dos cidadãos se mostra descontente com o ambiente onde passa a maior parte de seus dias. Como consequência, certamente, isso se reflete na qualidade das relações de cada um com família, amigos, comunidade e do país como um todo.

Encontramos empresas que produzem menos do que poderiam, nascem e entram em falência em até três anos, em sua grande maioria, famílias disfuncionais e relações líquidas, que não possuem um grau de comprometimento saudável. Nesse sentido, minha proposta aqui é de abordar princípios de uma via de solução para orientarmos lideranças emergentes nesta caminhada de servirem a outros seres humanos como referência e, dessa forma, repaginarmos este cenário, conduzindo a um novo nível de relacionamento e crescimento de todos em seu entorno.

O caminho que conduz à formação de novos líderes, mais sabedoria e, consequentemente, melhores decisões, sempre passa pelo autoconhecimento. Conhecer a si mesmo é a chave para construir relacionamentos duradouros e genuínos, que moldam a base de uma liderança marcante. Para que isso ocorra, é necessário que se realize um mergulho interno e dedicado.

Quando falamos em mentorear potenciais gestores, assim como desenvolver seres humanos, podemos seguir duas trilhas distintas: uma jornada de individuação, ou seja, que aprimora as competências de cada um para servir a um bem maior; ou de inflação, que reforça somente as tendências do ego. Como diz o termo, inflar o ego é uma armadilha perigosa no que diz respeito à criação de ambientes de maior confiança e harmonia. Para gerar resultados positivos de forma sustentável, apoiar cada liderado a se desenvolver no caminho da individuação, que é atemporal, imune a incertezas e se conecta com a coragem de fazer o que é certo — com aquilo que vem do coração — é o ponto de corte para a transformação de pessoas que agem por seus próprios impulsos, propagando assim, inúmeros conflitos, medo e dúvida em seres agregadores que se tornam um exemplo a ser seguido por todos.

O caminho de uma mentoria transformadora e eficaz prioriza as causas, em vez das coisas do mundo, e gera um movimento de autorresponsabilidade. É um convite para que cada mentorado mapeie seu sistema de crenças com lucidez e transforme todos os paradigmas que limitem seu crescimento. Por isso, ela deve ser pautada naquilo que considero os cinco pilares da liderança com propósito.

1. Identidade – quem sou eu?

Esta etapa visa auxiliar cada mentorado a acessar seu nível de identidade mais profundo, mergulhar no universo do "ser" e entender com maior clareza do que é capaz. Por exemplo, se nos identificamos com cargos, posições, status, ou dinheiro, como ficamos caso os percamos? Sabemos que, na vida, os elementos materiais possuem um ciclo de início, meio e fim, portanto, será que esta seria a visão de si mais potente para um líder de impacto?

Por outro lado, imagine aquele que percebe que carrega dentro de si a energia vital do universo e que se vê como uma expressão da força divina. O que esta pessoa não seria capaz de fazer e mudar motivada por tamanho sistema de crenças? Ainda que enfrentasse qualquer tipo de oscilação ou catástrofe externa, estaria fundamentada em um princípio maior e imutável, que a possibilitaria fluir independentemente do tamanho dos desafios. Como inspiração, estimule a troca de crenças comuns como "Eu sou gerente do banco Atlas" por "Eu sou feito à imagem e semelhança de Deus".

2. Herança – de onde venho?

O pilar da herança diz respeito à origem de cada um, aquilo que se carrega da própria história e que, ligado a esse entendimento, conecta a todos e transmite frutos. Compreender este aspecto favorece a construção do próprio legado com mais autoconfiança e uma postura de desapego perante os desafios que surgirem. Os estímulos a prazeres imediatos da sociedade moderna geram um senso ilusório de si nas pessoas, e há que se compreender que o mapa apresentado através da maior parte das mídias e dos influenciadores não é o legítimo território, ou seja, somos muitos mais do que seres meramente consumidores limitados a uma esfera de necessidades básicas de sobrevivência.

Um entendimento maior da herança em cada indivíduo faz com que se tenha uma responsabilidade proporcional perante aquilo que vier a ser transmitido a suas equipes. O que você carrega consigo desde muito cedo, que é próprio seu e que permite alçar voos mais altos e ajudar diferentes pessoas? Que desafios você já venceu que o ajudaram a se tornar mais forte e resiliente? Quais as principais lições que tirou disso? Em que momentos se sente mais consciente de si mesmo e conectado ao Criador?

3. Propósito – por que estou aqui?

Agente poderoso de transformação, a chave do propósito equipa as pessoas a realizarem um grande filtro no seu cotidiano através de uma visão clara. Quando compreendemos os "porquês" da nossa vida, não haverá mais espaço para desperdiçar tempo com relações, conversas e ações infrutíferas, ou seja, todo tipo de superficialidades, desengano e convites desnecessários. Nosso foco será dado a ações de engrandecimento e que tenham ressonância com os novos planos que forem definidos. Desta forma, os passos dados são mais conscientes e fundamentados em motivos claros, reduzindo ações intempestivas e desprovidas de sentido. Além disso, este pilar, em conjunto com a identidade e a herança, forma a base que resistirá a todo tipo de dificuldade que possa vir a surgir como prova de perseverança em nossa caminhada de desenvolvimento. Aquele que possui um "porquê" forte, pode resistir a qualquer "como".

4. Destino – para onde vou?

A quarta chave, destino, convida o líder a assumir uma posição de ainda mais clareza e firmeza em seu propósito. A partir daqui, é cada vez menor o espaço para dúvidas que gerem desvios de rota. É natural que possam ocorrer mudanças no trajeto, pois nada é estático neste mundo. Porém, a definição de uma jornada auxilia a determinar as ferramentas requeridas para a transformação. É o momento de estabelecer com maiores detalhes as etapas planejadas, pessoas e recursos envolvidos, postura e competências importantes. O que você quer realmente? Quem pode auxiliá-lo a avançar nesse rumo? Que capacidades você deve aprimorar? Qual será o seu sentimento ao chegar lá? Aqui, definir o norte não se trata de limitar alternativas, mas de canalizar suas energias com discernimento. Afinal, para quem não sabe o que quer, qualquer caminho serve.

5. Potencial – o que posso fazer?

Finalmente, o pilar do potencial trata do foco no transbordar. Quando começa a ser desenhado, intensificamos uma análise no que será construído durante a jornada e entregue de concreto, tanto em termos de desenvolvimento do indivíduo, como das pessoas à sua volta.

Imagine que, até chegar aqui, o processo ativo de reconhecimento de identidade, herança, propósito e destino foi desenhado, e isso certamente ativou uma nova amplitude de visão de quem se entregou verdadeiramente. Como uma águia voando mais alto, quando nos apropriamos dos pilares anteriores, percebemos que nosso potencial é ilimitado e, sendo assim, teremos grandes responsabilidades para acolher e prover oportunidades a todos. Tomamos decisões com maior consciência e uma sabedoria que reconhece as renúncias presentes em cada escolha antevendo possíveis consequências de cada atitude. E se você fosse capaz de realizar muito além do que jamais imaginou?

Costumo dizer em minhas palestras e treinamentos, que líderes com propósito são semeadores de virtudes: abrem caminho para fazer prosperar o que há de melhor em cada ser humano. Além disso, para que se exerça, de fato, um papel marcante, há de existir a inspiração através do exemplo. Vivemos em uma era em que não haverá mais espaço para somente parecer algo, e não ser efetivamente aquilo que é pregado. Portanto, para que o líder trabalhe com seus liderados qualquer tipo de atividade, é importante que ele já tenha colocado em marcha aquilo que propõe. Seja e viva aquilo que você quer transmitir!

Como forma de incentivar sua transformação como um líder, mentor e formador de lideranças emergentes, deixo aqui um desafio: encontre um local tranquilo, em que possa tirar um tempo a sós consigo mesmo. Respire fundo, conecte-se com sua alma e reflita registrando em um papel elementos dos cinco pilares que abordamos acima: "quem sou eu?", "de onde venho?", "por quê estou aqui?", "para onde vou?" e, finalmente, "o que posso fazer?".

Procure fugir de respostas convencionais, deixe-se ser transformado neste mergulho e transforme muitas vidas.

Desejo muito sucesso em sua caminhada.

Um forte abraço!

Líderes com propósito são semeadores de virtudes: abrem caminho para fazer prosperar o que há de melhor em cada ser humano.

Guilherme Silva

HUIMARA VASCO

Sou Huimara Vasco, natural de Carandaí/MG e morei por quase 27 anos na cidade de Conselheiro Lafaiete/MG com a minha amada família: minha mãe Regina e minhas irmãs Huiara e Helbiane. Tive o privilégio de crescer perto da minha avó materna que sempre nos acolheu com sabedoria e carinho.

Possuo formação em engenharia ambiental e pós-graduada em segurança do trabalho. Atualmente, resido em Curvelo, onde trabalho para uma multinacional contribuindo para o sucesso de um projeto socioambiental de muita importância para a região. Busco pela constante evolução em me desafiar e realizar meus objetivos. Sou escritora, treinadora e mentora de líderes que acreditam no seu trabalho, desenvolvendo culturas de times fortes e autogerenciáveis em variados nichos do mercado.

huimaravasco

Huimara Vasco

huimaraengenharia@gmail.com

(31) 99305-2852

18 INTELIGÊNCIA EMOCIONAL PARA LÍDERES

Por Huimara Vasco

Para contar a minha história de sucesso, na qual provei ser possível mudar a própria vida por meio do autoconhecimento, é necessário retroceder a um ponto crucial da minha adolescência. Não gostava de ser vista como uma pessoa muito calma, mas o que ninguém sabia era que, por trás da adolescente tranquila, existia uma adulta ligada no 220v. No entanto, ser hiperativa traz reflexos nem sempre positivos para o nosso corpo, que nos alerta quando é hora de parar; e, quando não damos ouvido, ele nos força a parar.

No momento em que assumi um novo cargo de liderança em um cenário totalmente diferente, esse modo 220v foi ativado; eu estava em um contexto no qual transitei de especialista e membro da equipe para líder da equipe. O sonho de assumir um cargo importante em uma multinacional com maiores responsabilidades estava quase se tornando um pesadelo, e ouvi a seguinte frase: "Aprenda que o melhor para você é o melhor para o processo". A questão não era a frase em si, mas o contexto e a forma como era dita, uma situação que me fez criar uma armadura para não me permitir passar por aquilo novamente. No entanto, tudo isso me trouxe ansiedade e um forte medo de ser desligada da empresa.

Até o dia em que, após uma noite de insônia, resolvi agir e ter uma conversa difícil, porém necessária: permitir-me ser vulnerável ao explicar o impacto que aquela frase causou e as consequências que estava acarretando no meu trabalho.

Quando nos tornamos líderes, não somos ensinados a liderar da mesma forma que quando crianças, assim não aprendemos a liderar nossas emoções. Ao assumirmos o tão sonhado cargo de liderança, nos vemos em um cenário moldado por metas e resultados, tendo a sensação de que tudo que aplicamos não funciona. Assim foi comigo; eu quase desisti. No entanto, depois de tantos anos desejando um desafio à minha altura, desistir não era uma opção.

Em momentos como esse, ter um ponto de apoio é essencial, e eu tive o meu: minha irmã. Ela me fez lembrar por que me mudei sozinha para tão longe, trouxe-me memórias simples de autorresponsabilidade e de quem eu sou. Eu lhe digo: tenha ao seu lado pessoas que irão lhe lembrar disso quando for a hora.

Naquele momento, eu não perdi o medo, mas existia o dobro de coragem que me fortalecia a cada instante. Eu me posicionei, me acolhi e me tornei protagonista da minha história nesse projeto. Construí uma equipe forte e autogerenciável, com resultados extraordinários e laços que transmitiam confiança para os auditores do projeto.

No entanto, antes de contar as partes de superação e vitória, devo relatar os momentos nada perfeitos: os sequestros emocionais que não me orgulho, mas que ajudaram a construir os tijolos do caminho. No projeto, éramos fortemente auditados, e uma mínima falha poderia tomar proporções de uma manchete na TV. Por mais que possa ser maravilhoso estar na TV, naquele contexto, com certeza não era o que eu queria. No meu primeiro ano no projeto, houve uma situação que poderia implicar em consequências complexas para o projeto.

Fui conversar com a pessoa que estava à frente daquela atividade e percebi que me exaltei apenas quando notei que ele estava recuando enquanto eu falava. Sua linguagem corporal era clara, assim como a minha. Ao tomar consciência do impacto do meu comportamento nele, pedi para conversarmos em outro ambiente. No caminho, pratiquei o que mais ensino à minha equipe: respirei. Conversamos e estabelecemos pontos para evitar que aquilo se repetisse no processo. Estávamos enfrentando momentos de muita pressão. Voltei à outra sala, pedi desculpas a ele na presença de todos pela minha infeliz atitude e saí de lá me sentindo péssima.

Ao analisar meu comportamento nessa história, identifico hoje o medo de ser desligada da empresa. Naquela situação, meu medo se transformou em um acesso de raiva ao perceber que não foram tomadas medidas preventivas em um contexto que eu havia recomendado como necessário.

Quando tomamos decisões baseadas na raiva, a sensação de adrenalina é intensa. Nessa história, percebi a tempo e mudei de postura antes de causar danos maiores. No entanto, há momentos em que isso não acontece e requer mais do que um ato de autopercepção. Por exemplo, quando entramos numa reunião e demonstramos nossa "força" em uma resposta desafiadora, saímos satisfeitos, pensando: "Acabei com aquela pessoa hoje." Ao chegar em casa e contar para alguém, se nos perguntam por que agimos assim, muitas vezes não temos uma resposta. Isso ocorre porque nossa mente nos conta muitas histórias, e cabe a nós questioná-las, buscando entendê-las para evitar que se tornem comportamentos e conflitos desnecessários.

Nosso corpo tende a querer economizar energia para sobreviver, e conversas difíceis demandam mais energia para gerenciar nossas emoções, ativar a escuta ativa para ouvir o outro e não submeter as emoções a ele, e vice-versa. Buscamos soluções rápidas quando questionados, mas nem sempre obtemos êxito, saindo da situação com a frustração de não saber como ou por quê.

Quando adolescente, me envolvi em uma situação quase conflituosa na escola. Fui abordada por outra aluna que afirmou que iria me bater ao final da aula. Me senti coagida, mas questionei por que ela queria me agredir, afinal, não tinha feito nada contra ela. A resposta foi simples: ela não ia com a minha cara. Argumentei que isso não era motivo para uma agressão e decidi ir embora. Confesso que não foi um ato de coragem consciente, nem ausência de medo, pois me lembro de sair de lá com lágrimas nos olhos. No final da aula, não houve briga, e até hoje não sei o motivo da ameaça.

Nesse dia, escolhi a coragem de uma conversa difícil, podendo ter optado por algo que poupasse minha energia, como fugir. Escolhi ter coragem. Temos padrões desde a infância que precisam ser ressignificados na vida adulta.

Trago essa história para ilustrar como saber gerenciar nossas emoções pode nos tirar de situações de conflito, não sendo uma fuga. Alguns modos comportamentais podem representar fuga, mas há pessoas que escolhem estar constantemente em conflitos para gerar adrenalina, criando situações desnecessárias. Nessas situações, uma conversa difícil com troca de pontos de vista poderia resolver.

Todos esses padrões têm um antídoto em comum, que não é sobre o outro; é buscar gerenciar suas emoções em conversas difíceis, ser curioso em se conhecer; não ache que, por saber disso, seus desafios irão diminuir ou que aprenderá a não sentir nada ao desenvolver sua inteligência emocional. Se você está buscando isso, pare a leitura aqui. Não vou romantizar a liderança ou oferecer uma solução milagrosa, mas afirmo que perceber, reconhecer seus sequestros emocionais e saber gerenciar sua raiva irá ajudar, pois se você não se lidera, não lidera sua equipe.

Eu poderia apenas contar coisas maravilhosas sobre as conquistas da minha liderança, sem mencionar histórias em que escolheria ter agido de maneira diferente. Antes de aprender o que sei e compartilho aqui, eu vivi por medo. Em um momento em que o mundo nos impulsiona a agir constantemente, esquecemos de valorizar a desaceleração e sua importância para continuar agindo de forma assertiva. A maior ferramenta que buscamos para alcançar tudo que almejamos está dentro de nós, e não no outro.

Meu autoconhecimento trouxe reflexos na forma de liderança e nos meus liderados. Aquela armadura rígida que não permitia ser vulnerável, sendo vista como um general, guiando a equipe, hoje, depois de muito me desenvolver, não vejo mais como um símbolo de dureza, mas como a força de alguém que, dentro de sua vulnerabilidade, consegue unir e guiar uma tropa em prol de um objetivo comum.

Não percebi de imediato o resultado que isso poderia trazer à minha equipe até que, no último ano, em uma situação de conflito forjado pela raiva, minha reação foi manter a calma, já que não havia mais o que eu pudesse fazer, ouvi de um liderado uma frase que aqueceu meu coração: "Bem que você fala que temos que respirar nas horas de conflito. Muita coisa pode acontecer e ser mudada, principalmente quando estou querendo resolver logo." Ouvir isso foi muito gratificante para mim.

Muitas das histórias que trouxe aqui envolviam o exercício da inteligência emocional, que eu já possuía, mas não conseguia acessar de forma consciente devido à falta de profundo autoconhecimento. Achava que me conhecia o suficiente, porém, não somos ensinados a gerenciar as emoções desde o nascimento, quando já expressamos nossas necessidades de acolhimento e cuidado. Podemos passar a vida buscando inconscientemente por essas necessidades, o que terá reflexos devastadores em nossa liderança se não optarmos por mudar nosso comportamento.

Eu me aprofundei nos processos sistêmicos, naveguei em mares nada calmos, mas não desisti. Não vou afirmar que perdi o medo ou que só existe coragem aqui, mas aprendi a entendê-los, me percebendo e me autoconhecendo diariamente.

Você também pode mudar seus resultados. Comece de forma simples, aplique este exercício em sua rotina por 21 dias: anote como se sentiu ao acordar e no final do dia e o que experimentou diante de situações de conflito nesse período. Se achar 21 dias demais, faça por pelo menos 5, e você já conseguirá identificar seus gatilhos emocionais.

Nossa inteligência emocional reflete diretamente na forma como nos comunicamos, gerando incentivos positivos ou negativos na equipe. Reforço positivo gera mais engajamento, enquanto reforço negativo resulta em uma equipe na defensiva, sem engajamento. Não busque o perfeccionismo e não use a fuga como desculpa para a ausência de mudanças nos padrões que não o favorecem. Olhe para eles com a perspectiva de como podem melhorar, pois suas escolhas aliadas à sua identidade refletem no que você acredita.

A sua mente constrói o que você acredita com a força que você deseja, de forma intencional ou não; se perceba para reconstruir o que você acredita!

Huimara Vasco

JAMILE TRINDADE

Eu me chamo Jamile da Silva Trindade, tenho 21 anos, sou filha amada de Deus, solteira, natural de Carlinda, interior do Mato Grosso. Atualmente resido em Sinop/MT, sozinha há 300 km de distância dos meus pais, desde os meus 18 anos de idade.

Sou graduanda de fisioterapia, palestrante e líder de relacionamentos na empresa MM Faces, onde o meu chamado começou com pessoas. E agora, podendo me considerar uma escritora, sendo uma honra poder escrever para cada um de vocês.

Nasci e cresci na roça, rodeada de tudo que o dinheiro não pode comprar, onde poderia ter faltado tudo, menos o amor da minha família. Sou a prova viva de que a vontade de liderar, te faz viver o extraordinário. Sou responsável por inspirar pessoas com a minha rotina de disciplina e reacender um propósito no coração do meu público.

_jamiletrindade
(66) 99929-3241
acessoriajamile@gmail.com

LIDERANÇA DE PERFORMANCE

19 DESENVOLVIMENTO PESSOAL E AUTOLIDERANÇA

Por Jamile Trindade

Toda vez que vejo algo sobre liderança e autodesenvolvimento, para ser bem sincera, me vem um frio na barriga muito grande, porque, como puderam ver, tenho 21 anos de idade e desde quando adentrei nessa jornada de desenvolvimento, é cada luta que são vivenciadas que eu vou lhe contar, viu?

Mas isso não é para lhe assustar não, pelo contrário, lhe incentivar a buscar cada vez mais. Sabe por quê? Não tem nada mais libertador do que viver sua própria jornada, e não significa que será indolor. E sabe por que dói? Porque fomos criados para nos acostumar com o que nos oferecem, e não nos ensinaram que nem sempre somente isso é o suficiente, e não tem nada de errado em querer algo a mais, buscar mais, querer ser mais. E o pior erro que se pode cometer é ficar estagnado e não lutar pelo que se sente. Eu sempre digo que, quanto maior for o seu sonho, maior será seu desenvolvimento, portanto, não existe o fato de: "Vou me desenvolver até esse ponto e está ótimo". Sinto lhe informar, mas isso não vai acontecer. Quanto mais você buscar, mais o seu coração anseia por novos ares, novos livros e novas metas, a palavra-chave é o novo. Você já não consegue ser o mesmo de um dia atrás e está tudo bem. Não se sinta culpado, é só o começo de uma linda e extraordinária história que está por vir, mesmo que havendo dor.

Quando eu falo em dor, quero dizer que nem sempre é fácil deixar para trás aquilo que tanto se ama, que tanto faz bem, e que tanto lhe ensinou, mas se não cabe mais, nem na minha vida, nem nos meus planos, nem no meu futuro, devo deixar. E se desenvolver é isso, é aprender a lidar com o fato de que nem tudo que é bom, me convém e me cabe. E sabe, eu não me lembro de ter lido o quão doloroso é viver fora da manada. Porém, eu não me arrependo de escolher viver isso todos os dias da minha vida. Até porque, sou eu que escolho quem fica e quem sai e, quando tenho dificuldades de tirar, Deus faz esse trabalho por mim. Mas Jamile, o que você quer me falar com isso?

Quero lhe falar que os seus sonhos, foi o Pai quem colocou aí dentro e Ele não errou em ter escolhido você para viver isso, para viver o extraordinário da vida Dele, só que, infelizmente ou felizmente, dependendo da ótica em que você deseja ver a vida, isso pode ser leve ou até mesmo um fardo temporário; mas existem pessoas, trabalhos, lugares etc., que não são mais para você... Sim, isso mesmo! Não são mais para você, não importa o quanto você esteja ligado a algo ou a alguém, se chegar a hora de subir de nível e aquela pessoa ou lugar não se enquadrar, você vai deixar para trás. É como sair da casa dos pais ou até mesmo de um lugar que você chama de lar; é maravilhoso o tempo que fora passado ali, quantos ensinamentos, quantos acertos e erros cometidos, cafuné, colo e consolo. Mas, o lar em que nascemos não será eterno, e é chegada a hora de partir. Haverá dor? Sim! Tanto de quem fica, como de quem vai. Porém é necessário para a nossa evolução.

Pense comigo: imaginem um bebê de 7 meses, com o início do nascer dos dentes. Ele tem dor? Tem desconforto? Tem estresse? É claro que sim. E por que conosco seria diferente? Só porque temos alguns anos de diferença? É hipocrisia pensar que estamos imunes a dor, ainda mais no mundo atual, onde são várias opiniões em cima de um cenário, talvez uma escolha certa, pese mais do que se tivesse feito uma escolha errada, mas no final das contas, ter feito a escolha certa, é ter paz no coração mesmo que haja tempestade.

Paulo Vieira, conhecido como o pai da inteligência emocional, retrata que uma das formas para atingimos a consciência para evoluir é através da dor. Então, de certa forma, deveríamos ser gratos por ter o dom maravilhoso de sentir. Sabendo também que a dor não é eterna, seremos humanos, pois temos o dom de sentir demais, vocês sabiam disso? Às vezes, nem é para tanto, e são derramadas lágrimas e lágrimas, cogitando ser o fim de tudo. Quem tem o coração de "manteiga derretida" como o meu, mais conhecido como perfil psicocomportamental de influente, sabe bem do que eu estou falando. Idealizamos tão bem em nossa mente, que se isto não sair conforme o planejado, Jesus nos ajude.

Desde os meus 17 anos, trabalho com pessoas em diversas funções, em que cada uma, tinha sua essência e seu jeitinho de viver a vida. Sempre fui encantada em pessoas, principalmente as bem resolvidas, que aparentemente não apresentavam problemas algum; tudo muito bom para ser verdade, e o meu sonho desde então era uma vida dessas, sem problemas, dificuldades, discussões e desentendimentos, entretanto, mal sabia eu, o que estava desejando.

Vocês devem estar falando para si mesmos: "Tadinha, mal sabia que a vida não é feita da ausência de problemas, pelo contrário, estranho seria se não houvesse alguma pendência a ser resolvida". Entendi que quanto mais eu resolvia problemas, mais algo grandioso crescia dentro de mim. Nos setores onde eu atuava, enquanto havia pessoas que fugiam de "B.O.", lá estava a Jamile em prontidão para tentar resolver. Minha idade nunca foi um fator limitante para mim, por mais que havia os preconceitos. E sabe o que é engraçado? Depois de um tempo passei a admirar as pessoas que mais tinham problemas na vida, desde social, financeiro ou até mesmo emocional. Era muito interessante, ver como elas sabiam dar jeito para aquilo que tanto lhes afligia. Passei a observar mais e tive a convicção de que todas elas, as que eram bem resolvidas, eram líderes da sua própria vida. E eu posso lhe provar que nem sempre agimos como líderes. É muito mais fácil dividir responsabilidades numa escolha, para o caso dela dar errado.

Portanto, quantas vezes tomamos decisões baseadas em outras opiniões, que muitas vezes, nem são coerentes aos nossos valores e princípios, mas são tomadas, só para alívio de consciência. "Deu errado porque o João me disse para fazer assim", sendo que lá no fundo, você sabe que ele não tinha culpa alguma, somente você, por não querer arriscar em ser dono do próprio caminho. Uma vez, em um curso chamado *Dale Carnegie*, minha trainer perguntou: "Quem aqui é líder?" Prontamente respondi: "Eu sou apenas uma secretária". Ela me olhou de uma forma que eu fiquei desfalecida, logo pensei: "Agora vem bronca". Quando ela começou a falar, fiquei anestesiada. Se eu não sou a líder da minha vida, quem é? Leia esta última frase para si mesma e a faça uma autoanalise: sua vida está sendo comandada por você mesmo? Ou por terceiros?

Quando me dei conta, vi que todos os resultados que tivera até ali não eram meus, eram de todos, mas nunca meu. E essa pergunta, foi uma virada de chave em minha vida, e tenho certeza de que será na sua também.

Deus me deu algo precioso, grandioso, de uma magnitude sem igual. E como eu tenho a capacidade de confiar a alguém que não seja eu mesma? Foi aí que eu entendi que eu não precisava buscar aprovação do mundo para as minhas escolhas, sendo que as consequências de cada ato que eu vivi, fui eu quem paguei o preço. Fui eu quem chorou de tristeza por não ter dado certo e não tinha para quem reclamar, porque fui eu que decidi viver na sombra da minha própria vida. Mas, quando eu decidi mudar, meus amados e amadas, fiquei irreconhecível, o sentimento de querer ser aceita deixou meu coração, e passei a tomar posse daquilo que fora feito para mim.

Quer um conselho? Estude, mas estude muito, estude incansavelmente. Sabe o quê? Você mesmo!

Quando eu me encantei por pessoas conhecidas e desconhecidas, entendi que não era sobre elas, e sim sobre mim. É impossível enxergamos uma realidade na qual não vivenciamos. Quando eu julgava, era a mim mesma quem eu estava julgando. Quando eu elogiava, boa parte era para mim também. Eu fiquei presa numa paralaxe cognitiva, em que minha visão sobre quem eu era, não estava em mim, e sim nos outros. Quão libertador foi me sentir vulnerável, forte, feliz e triste, emoções que todo ser humano deveria se dar ao luxo de sentir. Não tem investimento melhor ou maior do que em você mesmo. Não tem segredos ou fórmulas mágicas para se desenvolver ou ser líder. É preciso ter a coragem de olhar para dentro, identificar o que precisa ser melhorado, e claro, ter uma ambiência condizente a você. Ah, não existe algo melhor que ter em sua volta, pessoas que fazem você levantar a cabeça quando já não lhe restam mais forças. Pessoas que fazem você se tornar sua melhor versão. Lembre-se de uma coisa: tudo é sobre pessoas e, por ironia do destino, você também é uma. Comece a se ver como merecedor(a) do extraordinário, logo sua vida entrará no alinhamento ideal feito exclusivamente para você. E quando eu falo isso, tenho propriedade na fala, se não fosse a minha ambiência, este livro não teria sido terminado.

E por fim, relaxe! Não nascemos prontos, sua liderança é um brotinho que está dentro de seu coração, e a minha liderança não nasceu comigo, na verdade, quase que eu não sobrevivo para estar lhe contando isso. Com

11 meses de vida, levei um coice que quase tirou de mim a maravilhosa e perfeita vontade de Deus, que é viver e apreciar as coisas lindas deste mundo. Eu aperfeiçoei a minha liderança. Fui incansável na minha decisão. Me desfiz de prisões emocionais, nas quais me diziam que eu não era capaz de conseguir, mas outrora eu nem viveria, quem tem a audácia de dizer que eu não sou capaz? Estou debaixo das mãos de um Pai que não me desamparou, porque sabia do meu chamado. Você não precisa quase morrer para entender que o que é seu. És grande! Somos herdeiros, está na hora de assumir o que está dentro de si e, se não liderar sua própria vida, as pessoas farão isso por você. Seria estranho, pois eles não sabem a chama ardente que tem aí dentro e possivelmente levarão você a caminhos que podem até por um tempo serem favoráveis, mas não serão o suficiente para a grandiosidade que tem aí dentro. Tenho convicção de que eu vou lhe ver no próximo nível. Até lá!

No seu coração existe uma chama ardente, sedenta pela vida. Não ouse negociar o chamado que fora destinado especialmente para você.

Jamile Trindade

JUCELIO FOGAÇA

Sou Jucelio Fogaça, 41 anos, natural de Carinhanha/BA, terceiro filho de uma família de lavradores, atualmente resido em Belo Horizonte/MG com a minha família. Os últimos 10 anos, passei viajando para várias regiões do Brasil a trabalho. Sou formado em Engenharia Elétrica, pós-graduado em Gestão de Projetos, especialista em Gestão de Pessoas. Atualmente ocupo a posição de diretor de projetos numa construtora de Belo Horizonte, também sou palestrante com foco em liderança, produtividade, alta performance e comunicação.

Durante a minha jornada, liderei projetos em diversas regiões do país, de Norte a Sul. Sempre busquei deixar um legado positivo na vida das pessoas, pois escolhi como companheira de jornada a generosidade.

juceliofogacalt

(31) 99706-4733

jmf.fogaca@gmail.com

LIDERANÇA & PERFORMANCE

20 COMO EXTRAIR O MELHOR DAS PESSOAS ATRAVÉS DA LIDERANÇA

Por Jucelio Fogaça

A maioria das pessoas que ocupam um cargo de liderança, sequer sabem o qual é o papel da liderança dentro da organização. Boa parte acha que é somente garantir a entrega dos resultados; claro que o resultado é muito importante, porém liderar, é muito mais que isso.

Por alguns anos da minha carreira eu imaginava que liderar era apenas dar ordens e exigir que as pessoas cumprissem suas tarefas, mas logo percebi que a maioria dos líderes agia dessa forma e, como eu não queria ser como a maioria, comecei a buscar referência de como a liderança poderia ir além de dar ordens e exigir resultados.

Comecei a estudar mais sobre liderança e, quando me dei conta de que não liderava apenas pessoas, liderava vários universos, com sonhos, medos, histórias e motivações diferentes, eu percebi que deveria entender melhor as pessoas para que elas estivessem na sua melhor versão. Não poderia extrair o mesmo de todas as pessoas, o tratamento, as condições, as oportunidades e as regras devem ser o mesmo para todos, porém, as formas de extrair o melhor de cada um tem que ser diferente. Neste momento eu percebi que tinha que entender melhor de pessoas, não bastava ter o melhor processo, a melhor entrega, se as pessoas não estavam felizes naquilo que faziam; era preciso se apaixonar pelo que faziam. Foi então, que entendi que precisava conhecer melhor cada pessoa para poder acessá-la.

É muito comum ouvir de líderes que lidar com pessoas é difícil, mas difícil é tudo aquilo que você não domina. Quem pensa assim, certamente não domina a arte de lidar com pessoas. E dessa forma, focam apenas nos processos para garantirem os resultados e deixam as pessoas em segundo plano, com isso, as pessoas adoecem, tornando-se alguns casos, irreversível, pois o líder não tem a noção do quanto você impacta a vida das pessoas, mas quem é impactado, jamais irá esquecer. É claro que tem pessoas que são mais difíceis de acessar, mas é responsabilidade do líder conhecê-las, entrar no universo delas e desbravar, sem ser invasivo, descobrir quais são os sonhos, os medos, o perfil e, principalmente, as paixões; e, na maioria das vezes, aí que está o caminho para criar conexão e explorar este lindo universo que é o ser humano. O líder que acha que todos do seu time devem fazer as mesmas entregas, ter a mesma paixão, fazer as coisas da mesma forma, que irão reagir de forma homogênea aos seus estímulos, está completamente equivocado e terá somente problemas, pois as pessoas não são iguais, portanto, os estímulos devem ser diferentes. "Ah, mas todos têm que contribuir da mesma forma", claro que sim, mas cada um da sua maneira, o que tem que ser igual aos demais é a missão do time.

Sempre ouço líderes dizendo que conduzir pessoas dá trabalho, mas esse é o **trabalho do líder,** e, para isso, é preciso entender de pessoas, conhecer cada universo; isso só é possível se o líder se importar verdadeiramente com pessoas, não adianta fingir que se importa para ter uma boa reputação com o time, tem que estar disposto a reservar um tempo para se dedicar a conhecer o time e criar uma conexão verdadeira.

O que o líder tem no coração?

Existem muitos líderes que se conectam ao time através da ponte do poder, ou seja, usam da autoridade, do cargo e do poder para que as pessoas executem suas tarefas. A curto prazo, os resultados podem até aparecer, mas a longo prazo, começam a aparecer as consequências: pessoas desmotivadas, grande rotatividade na empresa, causas trabalhistas, ambiente ruim, ansiedade e até mesmo depressão. Já os líderes evoluídos, se conectam ao time através da ponte do amor, agindo com os melhores valores, como empatia, generosidade, justiça e compaixão e tomando decisões que favoreça o coletivo e não aos que ele tem maior apreço.

O líder tem o poder de ferir ou curar as pessoas, tudo irá depender da forma como ele as acessa. O líder que se preocupa somente em alcançar as metas estabelecidas a qualquer custo, tem grandes chances de deixar algum "passivo" pelo caminho, pois normalmente esse tipo de líder é insensível às pessoas, pois o que importa são os resultados e ele entende que as pessoas são pagas apenas para fazer o seu trabalho, não se importando com o bem-estar do time, apenas com o que eles têm que entregar.

Se pedirmos às pessoas para comparar Hitler e Gandhi, não temos dúvidas que será unanimidade falarem que eles não podem ser comparados, mas se olharmos pelo ponto de vista de liderança, iremos perceber que ambos tinham os 4 elementos para ser um líder: **protagonismo** alto, capacidade de **conexão, visão** estratégica e **transformação**. Mas por que então um libertava e o outro matava? O que difere esses dois líderes? A resposta é simples: os valores que tinham no coração. Enquanto Hitler tinha no seu coração o **egocentrismo,** Gandhi tinha **compaixão.** Um bom líder não necessariamente será um líder bom. O que difere um do outro são os valores que eles têm no coração, e o maior valor que um líder poderá ter em seu coração é o **amor.**

Enxergando o intangível

De acordo com uma pesquisa da Michael Page, 91% das pessoas são admitidas pelas suas habilidades técnicas e demitidas pelos seus comportamentos, isso ocorre porque, no processo de recrutamento, a maioria olha apenas para o currículo e não olha para as habilidades que não podem ser vistas no papel; o que o chamamos de intangíveis, que são habilidades como ambição, integridade e empatia.

Em vários momentos da minha carreira, já contratei pessoas com vasta experiencia no currículo, mas não decolavam, pois não tinham ambição. Diziam ter vontade, mas não basta ter vontade, é preciso provar que deseja, e isso será capaz de se provar através de atitudes, mostrando na prática que realmente deseja. Durante a minha jornada, sempre busquei enxergar o intangível nos meus liderados, e é claro que nem sempre foi possível, mas quero compartilhar com vocês quatro histórias que considero marcantes na minha jornada como líder.

O **Alves** era um colaborador que desejava crescer na carreira profissional para construir uma casa para a sua mãe, o **Ferreira** queria dar uma vida melhor para seus pais que viviam na zona rural, o **Gomes** queria cumprir com a promessa que fez à sua esposa, de lhe dar uma vida melhor, e a **Gadelha** sonhava em exercer a profissão de engenheira que prometeu em vida para seu pai. Certamente você está se perguntando por que estou contanto essas histórias, mas todas elas têm algo em comum: os sonhos, o motivo pelo qual eles acordavam todos os dias para dar o seu melhor para poder realizá-los. E quando ouvi os sonhos de cada um, eu percebi que eles estavam dispostos a entregar toda a sua energia para alcançá-los. Ali eu enxergava o intangível, e essa é uma característica que um líder tem que ter, enxergar além do que foi falado ou escrito, porque uma pessoa motivada por um sonho, estará disposta a se doar incondicionalmente.

Certa vez um colaborador me questionou o que eu realmente havia visto nele, pois nem ele mesmo imaginava que poderia ter tanto sucesso na carreira, alegando que não sabia que era capaz assumir tamanha responsabilidade quando foi promovido a líder. Certo dia, ele me disse: "Jucelio, o que realmente você viu em mim, para acreditar tanto assim?" E eu lhe respondi: "Eu vi ambição em seus olhos e vontade em suas atitudes". Essa minha resposta fez com que ele buscasse cada vez mais o próximo degrau na carreira dele, não media esforços e a cada dia provava para ele mesmo que era capaz de ser sua melhor versão, e eu, como líder, não poderia limitar a ambição dele. Sempre busquei retirar as interferências e ampliar o campo de visão dele para continuar crescendo. O líder é como se fosse um emissor de frequência em várias frequências e irá acessar cada um na frequência que ele opera.

Existem várias histórias como essas que podem ser contadas de várias maneiras diferentes, mas escolhi essas, porque são casos que, com apenas uma pergunta e uma resposta, o líder pode enxergar o melhor no seu liderado e juntos construírem uma jornada brilhante que mudará a vida de muitas pessoas envolvidas com eles.

Ricardo Basaglia, CEO da Michael Page, define **performance** como resultados – interferências. Veja que se o líder deseja melhorar a performance do seu time, basta garantir que os resultados sejam entregues e diminuir as interferências, não necessariamente você precisa aumentar os resultados, pois isso não garante que irá aumentar a performance, uma vez que as interferências podem aumentar na mesma proporção, isso que chamamos de passivos. Existem muitos líderes que entregam resultados, mas deixam rastos de destruição, como time esgotado fisicamente e mentalmente, pessoas ansiosas e até mesmo depressivas. O líder de verdade remove os obstáculos para que o time entregue o seu melhor, de forma que coloque o seu coração naquilo que se propõe a fazer.

O mundo clama por líderes ambidestros, que entregam resultados e ao mesmo tempo desenvolvem seu time; que ao mesmo tempo cuida das pessoas, as impacta positivamente. Mas somente os líderes que escolhem liderar com bons valores e que enxergam o que há de melhor no ser humano são capazes de garantir esses resultados. Vamos juntos ajudar os líderes a se tornarem melhores e libertar as pessoas dos líderes que ferem os seus liderados.

Um líder pode ter as melhores habilidades e ferramentas, mas é preciso enxergar o melhor nas pessoas para ter bons resultados.

Jucelio Fogaça

JÚLIO VOLPP

Executivo C-Level com 24 anos de carreira no mercado financeiro, *expert* em liderança de times multidisciplinares e com experiências de sucesso em equipes com mais de 63 mil pessoas. Responsável pela criação e implementação de estratégias para alavancar negócios a curto, médio e longo prazo, além de desenvolver novos produtos, segmentos de clientes e canais de atendimento.

Ao longo da trajetória, atingiu marcas históricas de resultados extraordinários e sustentáveis, com experiência empreendedora de sucesso, realização de negócios expressivos e clima organizacional reconhecido.

Mentor de líderes e professor de liderança estratégica nos cursos de MBA da Chroma, *hub* de executivos e pesquisadores dedicados ao desenvolvimento de líderes estratégicos, com formações reconhecidas pelo MEC. Possui verdadeira paixão por desenvolver pessoas e construir times fortes. Mestre e doutor em administração de empresas.

juliovolpp

chromalideranca

Julio Volpp

(61) 99317-1148

LIDERANÇA E PERFORMANCE

21 LIDERANÇA ESTRATÉGICA: A CHAVE DOS GRANDES RESULTADOS

Por Júlio Volpp

Existem muitos adjetivos para qualificar liderança. Certamente, já se ouviu falar de vários deles: transformadora, humanizada, holística, autocrática, democrática, transacional, *coaching*, carismática, entre outros. Cada qual faz sentido ou gera significado de acordo com o ambiente, a empresa e/ou as pessoas envolvidas. Acrescente à lista uma qualificação essencial, quando o ponto é uma liderança que consegue, ao mesmo tempo, engajar as pessoas com um alto patamar de comprometimento, gerando pertencimento, satisfação e felicidade, e concretizar resultados extraordinários, até então considerados impossíveis: a liderança estratégica.

A busca por resultados expressivos, crescentes e duradouros é a ambição da maioria dos líderes em qualquer tipo de empresa. Para se sustentarem, as instituições dependem de resultados que satisfaçam seus donos ou acionistas. Todos os anos, começam novos ciclos de expectativas ambiciosas de superação de cenários, que levam os executivos à busca de soluções para aumentar a produtividade, reduzir despesas, gerar mais eficiência, enfim, corresponder às perspectivas e fazer jus à sua posição e suas recompensas.

Parte desses executivos possui diferenciada visão de negócios e conseguem traçar novas estratégias com facilidade, tendo clareza sobre como superar as dificuldades e quais obstáculos podem se deparar ao longo do caminho. A outra parte possui uma atuação muito representativa para o time, promovendo a coesão de propósitos necessária para a superação de qualquer objetivo, proporcionando um clima organizacional saudável e um ambiente propício à realização dos negócios esperados.

Não raro, esses dois tipos clássicos de executivo não convergem, ou seja, é comum encontrar exemplos de excelentes executivos de negócios focados em resultados e planos de ação, com sagacidade e disciplina suficientes para ganhar a qualquer custo, mas com pouca habilidade de conduzir um time, que diante de qualquer ação, reagem de forma negativa sob a ótica das relações e do clima experimentados pela equipe.

O inverso também acontece com muita frequência: executivos que possuem uma gestão notadamente humanizada, centrada nas relações com o time e proporcionando um clima saudável para as pessoas na empresa, contudo, deixando parte dos objetivos negociais inconclusa, frustrando as expectativas de desempenho e resultado, o que pode criar uma consequência desfavorável no futuro – nem tão distante às vezes.

Esses adjetivos de liderança anteriormente referidos contribuem com essa visão de certa forma maniqueísta de liderança. Ou o líder tem habilidades de gestão de pessoas ou tem habilidades relacionadas à superação de resultados. Ao longo da história, a liderança e o ambiente empresarial foram associados a expressões emprestadas do esporte e do militarismo, que contribuíram para essa condição. Essas expressões vieram carregadas de significados ocultos, muitas vezes com alto potencial de minar a efetividade da liderança.

Não se pode confundir liderança com poder, comando e controle, nem mesmo com gestão, ainda que, com essa última, a liderança mantenha forte relação. Nos tempos da revolução digital, em que as pessoas se comunicam cada vez mais rápido, manifestam suas emoções e perspectivas em inúmeras plataformas, formam opiniões e são influenciadas por tantas fontes diversas, emerge a necessidade de líderes que conciliem de maneira genuína essas duas perspectivas, aliando, de fato, sua responsabilidade corporativa por resultados com a responsabilidade que têm com as pessoas que, com eles, constroem efetivamente as empresas.

Liderança significa estar em uma posição de referência. O termo pode ser usado em vários contextos: liderança de mercado, liderança de equipe, liderança de campeonato, entre outros. Um ponto em comum a todos eles é que a liderança está relacionada à pessoa, grupo ou ente que está à frente, indicando o caminho e a direção. Em uma empresa, o líder deve ser a pessoa que está em posição de influenciar os demais para o alcance dos objetivos e metas estabelecidas. De acordo com o tipo e o tamanho da instituição, pode haver vários níveis de liderança, como por exemplo, a distinção entre alta administração e gerência média.

Contudo, estar em determinada posição não significa possuir as habilidades e competências de liderança. Influenciar pessoas, cada vez mais, está relacionado a aptidões proprietárias do ser humano líder, desenvolvidas em sociedade, marcadas pelas *soft skills*, das quais pode-se destacar empatia, inspiração, comunicação não agressiva, inteligência emocional e relacionamento interpessoal, além de uma base sólida de valores, como respeito, responsabilidade, integridade, diversidade e humanidade.

Nos tempos atuais, em que a tríade ASG – Ambiental, Social e Governança (do inglês ESG – *Environmental, Social and Governance*) – ganha cada vez mais força nas empresas, a liderança verdadeira necessita focar no S interno, no S de seus liderados. Da aspiração moderna do "cliente em primeiro lugar" para o "colaborador em primeiro lugar". Afinal, ninguém vai tratar bem o cliente e satisfazer as necessidades dele, quanto mais superar as expectativas, se não estiver satisfeito e feliz em seu próprio ambiente de trabalho. Uma liderança estratégica privilegia o *employee success* (sucesso do funcionário), pois sabe que um colaborador feliz tem muito mais chances de promover uma excelente experiência ao cliente, que repercute em negócios e, por consequência, em desempenho e resultado.

Cabe, portanto, à liderança estar plenamente atenta às necessidades do seu time, identificando e mapeando suas necessidades, promovendo melhorias constantes, direcionando e inspirando visões, corrigindo eventuais falhas ou desvios de rotas e reconhecendo as entregas em tempo real, desde as pequenas conquistas até as mais significativas, dosando a valorização de acordo com a representatividade das entregas.

A liderança estratégica é a chave do sucesso, ela combina a força do engajamento para o pertencimento efetivo na realização dos planos, gerando ganhos no clima organizacional, na saúde integral e satisfação das pessoas, considerando também o desempenho e resultados da empresa.

A liderança estratégica possui um elemento que a distingue das demais abordagens: ela tem foco na conquista dos objetivos esperados pela empresa. Também tem relação com o método, o plano que se usa para alcançar ou atingir alguma coisa. Quando adicionado à liderança, a estratégia ganha um contorno de tomada de decisão, escolha ou opção.

Trata-se de uma competência desenvolvida metodologicamente, mais próxima das *hard skills*.

Negócios não costumam cair do céu. Resultados não acontecem segundo um passe de mágica. É preciso habilidade, conhecimento de mercado e de produtos ou serviços, envolve resiliência, negociação e técnica, enfim, requer planejamento. Para atingir resultados em patamares nunca alcançados, é necessário buscar por novas ações, novas rotas, novos planos, novas atitudes. Não se pode esperar resultados diferenciados seguindo o mesmo manual.

Para tanto, o primeiro passo é um correto diagnóstico em múltiplas direções (mercado, produtos, pessoas, concorrentes etc.). O tempo investido em diagnosticar adequadamente todas as frentes, com certeza é o tempo economizado em futuras revisões e recomeços. O próximo passo é traçar a rota, indicando etapa a etapa do trajeto que será seguido pelo time. Ela é detalhadamente especificada, com responsabilidades, atividades, indicadores e pontos de checagem.

A gestão da rota talvez seja o "pulo do gato" em termos de gestão do desempenho. Esse acompanhamento é fundamental, mas também é um importante ponto de intersecção com a dimensão liderança, uma vez que uma gestão ineficiente da rota causa transtornos e danos significativos ao time. A liderança deve constantemente atualizar a equipe sobre o percurso, seus objetivos e desempenho de maneira inspiradora, de modo que garanta o engajamento do time e permita a retomada dos negócios em velocidade necessária ao atingimento das metas.

Em cortes temporais que façam sentido ao grupo, que podem ser mensais ou trimestrais, faz-se necessária uma dinâmica de reconhecimento e valorização dos esforços e entregas. Em times multidisciplinares, é importante o reconhecimento dos esforços, ainda que não na mesma proporção das entregas, pois é uma forma de resgatar a confiança e encorajar toda a equipe a performar da forma esperada e necessária. Esse reconhecimento e valorização demarcados devem vir seguidos do acompanhamento sistemático dos indicadores convencionados com o time. Essa cadência, pautada em valores comuns, como respeito e responsabilidade, define o voo de cruzeiro do time em termos de resultados.

Líderes estratégicos têm um plano, ensaiam o sucesso todos os dias, surpreendem e inspiram constantemente o time e produzem resultados extraordinários; estão próximos da grandeza e focados na sua melhor versão. Inspiram as pessoas com um senso de unidade de propósito, que as fazem sentir-se em casa.

A liderança estratégica exige talento e evolução para si e para os seus. Significa sair da zona de conforto para o desafiador e inusitado mundo novo da criatividade e inovação, da verdadeira recompensa e satisfação. A liderança estratégica exige autenticidade e autoridade, coerência e confiança. Líderes assim não são pessoas comuns, mas impulsionadoras da mudança, agentes de transformação.

A liderança estratégica está profundamente comprometida com os resultados esperados e faz isso a partir da escolha dos caminhos mais efetivos e eficazes, engajando seu time, uma vez que cria e mantém um clima favorável ao engajamento genuíno do time aos objetivos comuns. A liderança estratégica estabelece e compartilha uma visão, constrói uma rota de sucesso e inspira constantemente a equipe, por meio de seu exemplo. Ela entrega resultados extraordinários a cada ciclo, sempre superando uma temporada de sucesso e recordes com as próximas conquistas.

Liderança estratégica é a chave do sucesso: combinação poderosa de inspiração, visão e engajamento para resultados extraordinários!

Júlio Volpp

KARINA PIMENTEL

Sou Karina Pimentel, psicóloga e empresária com 25 anos de experiência na área de gestão de pessoas e reconhecida pela entrega de resultados mensuráveis e inovação organizacional.

Fundadora da Believe Soluções em Gestão de Pessoas, diretora na ABRH Brasil, anfitriã do PodK e coordenadora de pós-graduação na FacInpro.

Possuo MBA em Gestão de Pessoas e Qualidade em Serviços, especialização em Avaliação Psicológica e em Gestão de Negócios, além de ser *coach* e *practitioner* em PNL. Desenvolvi o método "Os 8 C's da Liderança", impactando centenas de líderes pelo Brasil, e hoje atuo como mentora de líderes e profissionais de RH.

akarinapimentel

kpimentel

believesolucoes

(62) 99971-9228

karina@believesolucoes.com

22 OS 8 C's DA LIDERANÇA DE ALTA PERFORMANCE

Por Karina Pimentel

Liderar nos dias de hoje é uma tarefa radicalmente diferente daquela que enfrentávamos há quatro anos. Somos, agora, líderes pós-pandêmicos, encarando desafios singulares, como a gestão da diversidade geracional, a equação entre saúde mental e produtividade, a implementação de práticas de ESG e a inescapável busca por resultados empresariais.

Neste novo cenário, caracterizado por uma interconexão intensa e por uma coletividade ansiosa, marcada pela fragilidade das relações interpessoais e comerciais, como podemos, como líderes, manter assertividade e assegurar a performance?

O desafio que se apresenta aos líderes contemporâneos é a necessidade de desconstruir uma abordagem de liderança tradicionalmente autoritária para, então, construir competências essenciais para este momento e o que está por vir. Essencialmente, é crucial definir o que não é liderança.

Quantas vezes você já ouviu a célebre expressão "manda quem pode e obedece quem tem juízo"? Essa frase, sem dúvida, personifica o autoritarismo, uma maneira de liderar fundamentada no poder, comando e controle. Em um passado recente, essa abordagem foi considerada eficaz; bastava ter uma patente mais elevada na hierarquia organizacional para que uma ordem fosse suficiente para que todos os subordinados a acatassem. No entanto, essa prática era, essencialmente, marcada pela hierarquização total e por uma liderança desprovida de empatia e relacionamento. Vale ressaltar que o autoritarismo estimula uma cultura de medo, na qual a escuta é praticamente inexistente, e os relacionamentos são superficiais. É crucial compreender que, ainda hoje, algumas pessoas confundem autoritarismo com autoridade. Entretanto, é importante salientar que autoritarismo não é liderança, assim como autoridade também não é. Estes podem conferir destaque em áreas específicas, mas não garantem uma liderança de alta performance baseada unicamente na posição hierárquica.

Outro comportamento comum é o microgerenciamento, frequentemente impulsionado por uma insegurança profunda na liderança. Isso se manifesta quando há uma desconfiança na capacidade da equipe de entregar resultados sem uma supervisão constante. Para superar o microgerenciamento, é crucial compreender que estamos lidando com adultos e, se a liderança sente a necessidade de microgerenciar, é provável que haja uma falta de confiança nas habilidades da equipe.

Tão ineficaz quanto o autoritarismo e o microgerenciamento são os líderes paternalistas. Esses líderes recebem elogios do tipo "meu chefe é como um paizão/mãezona". No entanto, é fundamental questionar: contratamos ou demitimos filhos? O papel do líder de alta performance não é ocupar o lugar de pai ou mãe de ninguém na equipe. Se você se encontra nesse papel, ou o assumiu, é aconselhável abandoná-lo imediatamente.

Liderar não é ser autoritário, praticar o microgerenciamento, ser paternalista ou passivo. Essas abordagens podem funcionar por um período, mas não conduzem à performance ou ao desenvolvimento das pessoas. E, o mais importante, é identificar se essas atitudes estão presentes no dia a dia, para então, tomar a decisão de evoluir.

E o que leva o líder à alta performance? Sem sombra de dúvidas, a liderança não é um cargo, é uma escolha e a escolha, é uma chave que só abre pelo lado de dentro.

E para usar essa chave, o primeiro C da liderança de alta performance é a consciência. "Até você se tornar consciente, seu inconsciente irá dirigir sua vida, e você vai chamar isso de destino", parafraseando Jung. O verdadeiro líder domina seus pontos fortes e conhece exatamente suas vulnerabilidades. O líder consciente é aquele que escolhe racionalmente suas ações.

Pense em quantas vezes, na sua vida profissional, você reagiu de maneira contrária ao que gostaria de ter agido. Quantas vezes teve uma reação exagerada diante de um desafio não tão relevante ou não conseguiu ter uma ação concreta, mantendo-se passivo diante de uma situação que exigia posicionamento? Essas atitudes são reações, por vezes inconscientes. Sim, agimos como gostaríamos de ser, mas reagimos verdadeiramente como somos! E, quando temos consciência de quem somos, quais são nossos valores, daquilo que não somos capazes de abrir mão, nosso propósito de vida, automaticamente diminuímos a distância entre nosso eu genuíno e a máscara social e profissional que usamos. Dessa forma, ficamos mais conscientes de nossas ações, reações e atitudes como líderes e seres humanos!

O segundo C da liderança de alta performance é a coerência. Para tratar da coerência, é preciso entender verdadeiramente sobre: o quanto você é congruente com suas escolhas, o que diz respeito à sua integridade. Se existe alinhamento entre sua congruência, sua clareza de intenção e sua capacidade de realizar, estamos falando de caráter alinhado à competência. Estamos falando de coerência, e o que determina uma liderança coerente é o exemplo.

Para refletirmos sobre esse C, reforço: o esforço comove, o resultado convence, e o exemplo arrasta. No mercado, é comum ver líderes valorizando seu time pelo esforço, tornando-se reféns da ausência de preparo de suas próprias capacidades e afirmando que buscam uma cultura de resultados. No entanto, não se constrói resultados de alta performance dizendo uma coisa e praticando outra. Não é à toa que, nos últimos anos, houve grandes investimentos em governança e *compliance* para orientar as culturas organizacionais com ética e, principalmente, ensinar líderes e pessoas a serem coerentes!

O terceiro C da liderança de alta performance é a confiança! E a medida da confiança é ser confiável! Por isso, pergunto a você, de zero a dez, o quanto você é confiável? Você é aquele colega que não consegue guardar um segredo ou uma fragilidade de um outro colega que o confidenciou só para você? Se envolve em conversas de corredor que não dizem respeito ao trabalho? Tem dificuldade de manter seu posicionamento diante de opiniões contrárias de quem tem uma patente maior que a sua? Se você respondeu qualquer número na pergunta sobre ser confiável que não seja dez, precisa voltar ao primeiro C e buscar, para a consciência, os comportamentos que precisam de mudanças urgentes.

Se existe uma competência necessária para a construção da equipe de alta performance, é a confiança. Onde há confiança, as equipes conseguem expressar suas opiniões livres de julgamentos ou medos. Há confrontos saudáveis em busca de soluções conjuntas e não conflitos que remetem ao ego ou ao ganho individual. Quando confiamos e confrontamos, somos capazes de gerar consenso em uma solução coletiva e seguir juntos em um compromisso verdadeiro em prol de um resultado coletivo maior.

Líderes confiáveis são normalmente citados frequentemente como exemplo e geram os melhores ambientes de segurança psicológica! Qual o líder passou pela sua vida que te segurou profissionalmente? Muito provavelmente esta pessoa é seu maior modelo de confiança, talvez de liderança, e merece seu reconhecimento. Seja confiável como essa pessoa é para você, e você verá sua liderança se transformar!

O quarto C da liderança é a comunicação. A melhor definição de comunicação é a capacidade de construir pontes sem eliminar as diferenças. Muitas vezes construímos muros e trancamos as pessoas do lado de fora com tamanha prepotência, achando que sabemos e compreendemos tudo com um único mapa de mundo: o nosso.

Para ter assertividade, é preciso entender que a comunicação é realizada em diversas esferas: não verbal, verbal e por canais diferentes. É preciso entender a diferença entre os tipos de comunicação, e cito aqui os três principais: Informar (transmitir uma informação), dar *feedbacks* (oportunizar aprendizado que algum comportamento que seu liderado demonstrou, podendo ser um elogio ou um ponto de desenvolvimento); alinhar expectativas (é deixar claro entregas e prazos e formalizar os combinados).

Comunicar, é muito mais ouvir do que falar! Preste mais atenção, ouça genuinamente. Faça mais perguntas e dê menos respostas. O universo do outro pode ser uma enorme descoberta para você!

O quinto C da liderança é a consistência, por isso um líder nunca conta com a motivação apenas, ele é disciplinado! Domina ferramentas, estuda constantemente e aprende. O conhecimento metodológico aliado ao uso da tecnologia, garante resultados extraordinários e possibilitam o desenvolvimento da equipe de forma exponencial. Seja a referência técnica em gestão para seu time! Lembre-se que liderança é diferente de gestão!

O sexto C da liderança é a conquista, não existe líder sem resultado! O resultado está atrelado ao objetivo principal da empresa e normalmente tem a ver com crescimento, porém muitos líderes cometem um erro que é não reconhecer seu time neste processo: sozinho o líder pode ir mais rápido, mas junto com seu time, certamente ele irá mais longe.

Qual o seu histórico de resultados e quantas pessoas os conquistaram com você? Reconheça e valorize a conquista coletiva e, juntamente com ela, use o sétimo C da liderança que é a comemoração! Comemorar pode ser um simples e verdadeiro elogio, um agradecimento coletivo. Faça o simples, faça as pessoas se sentirem importantes pelo resultado alcançado.

O oitavo C da liderança de alta performance é, de fato, ter coragem para fazer acontecer! Este nosso novo mundo requer novas competências e valorização daquilo que é mais humano em nós. Lidar com tantos temas, com tantas incertezas, e com tanta autenticidade pode ser o mais complexo e desafiador, mas se torna o mais interessante na jornada do líder de alta performance.

Defina qual C da liderança de alta performance pode transformar sua jornada na liderança. Comece e recomece quantas vezes forem necessárias, e a cada novo momento, volte mais consciente, coerente, confiável, comunicativo, consistente, conquistando e comemorando e sendo corajoso para atingir todos os seus objetivos!

No final, é tudo sobre pessoas e o quanto conseguiu ser verdadeiramente humano antes de ser líder!

"Cada líder tem a equipe que merece! Se você ainda não tem uma equipe incrível e que entrega resultado, a responsabilidade é sua!"

Cada líder tem a equipe que merece! Se você ainda não tem uma equipe incrível e que entrega resultado, a responsabilidade é sua!

Karina Pimentel

LAÍS PIMENTEL

Laís Pimentel é uma profissional multifacetada, cuja formação em Direito serve como alicerce sólido para sua trajetória profissional.

Destacando-se hoje como terapeuta e mentora, seu comprometimento com o bem-estar e a revolução de questões emocionais ressalta a importância de adaptar-se às necessidades individuais e únicas de seus pacientes, com abordagem centrada no ser humano, na qual o respeito pela singularidade de cada pessoa é um princípio fundamental.

Sua paixão pela terapia a torna uma figura inspiradora para aqueles que buscam uma abordagem integrada juntamente com uma técnica e método exclusivos para lidar com desafios emocionais. Personifica assim, a harmonia entre a formação ética jurídica, prática terapêutica e mentoria de líderes, oferecendo uma perspectiva única e valiosa àqueles que buscam assistência em áreas tão cruciais para a qualidade de vida e o bem-estar.

laispimentel.terapeuta

23 NEGOCIAÇÃO ESTRATÉGICA E INFLUÊNCIA NA LIDERANÇA

Por Laís Pimentel

No dinâmico mundo dos negócios, a capacidade de liderar de maneira eficaz e exercer influência tornou-se fundamental para os líderes que almejam o sucesso.

A liderança eficaz vai além da simples gestão de tarefas; ela envolve a capacidade de influenciar positivamente as pessoas, estimulando o crescimento coletivo e alcançando resultados excepcionais. Na liderança, a influência é uma habilidade fundamental que permite aos líderes moldarem o ambiente de trabalho, inspirar equipes e conduzir mudanças significativas.

Um líder influente compreende a importância dos relacionamentos sólidos. A base da influência está na confiança mútua e na capacidade de se conectar genuinamente com os membros da equipe. Investir tempo no desenvolvimento de relacionamentos fortalece os laços interpessoais, criando um ambiente propício para a influência positiva.

A comunicação é uma ferramenta poderosa na construção da influência. Líderes eficazes não apenas transmitem informações, mas também contam histórias envolventes e articulam visões inspiradoras. A habilidade de comunicar-se de forma persuasiva cria uma narrativa que ressoa na equipe, motivando todos na direção de objetivos comuns.

Líderes influentes não apenas falam sobre valores e comportamentos desejados, mas também, os demonstram em suas ações diárias. Agir como um exemplo inspirador estabelece um padrão para a equipe seguir. A coerência entre palavras e ações reforça a credibilidade do líder, gerando um impacto duradouro.

À medida que os líderes se aprofundam na compreensão das dinâmicas humanas, desenvolvem habilidades de comunicação e constroem relacionamentos autênticos, eles se tornam catalisadores de mudanças positivas. Cultivar a influência na liderança não apenas engrandece o líder, mas também inspira a ascensão coletiva, criando organizações mais resilientes e inovadoras.

Na era dinâmica e desafiadora dos negócios modernos, a liderança eficaz tornou-se a chave para o sucesso duradouro. Esta obra mergulha nas complexidades da liderança, explorando os elementos que transformam líderes comuns em visionários inspiradores. Descubra como desbloquear o potencial máximo de sua equipe e elevar a performance a um nível irresistível.

Abaixo, serão tratados alguns fundamentos essenciais da liderança: autenticidade, empatia e comunicação transparente.

A importância da autenticidade na liderança: construindo vínculos duradouros e inspirando confiança

A autenticidade é a espinha dorsal da liderança eficaz. Os líderes autênticos inspiram confiança ao serem fiéis a si mesmos e aos seus valores. Ao se apresentarem de maneira genuína, eles criam um ambiente em que a honestidade é valorizada e os membros da equipe se sentem confortáveis para expressar suas ideias e preocupações.

Um exemplo inspirador de líder é aquele que, ao admitir seus erros e compartilhar suas experiências pessoais, constrói uma cultura organizacional na qual a autenticidade é celebrada, resultando em uma equipe mais unida e resiliente.

Sendo assim, a autenticidade é um atributo de superação, que transforma líderes comuns em figuras inspiradoras e visionárias. Em um mundo cada vez mais complexo e dinâmico, a autenticidade emerge como uma força vital para estabelecer conexões significativas e liderar equipes de maneira eficaz.

Líderes dotados de autenticidade inspiram não apenas pela posição que ocupam, mas pelo modo como vivem seus valores e princípios. Ao serem fiéis a si mesmos, eles se tornam exemplos tangíveis do que é possível alcançar com integridade e autenticidade. Essa inspiração vai além das palavras, pois é sustentada por ações consistentes e genuínas. Ao vivenciar a autenticidade do líder, a equipe é motivada a se esforçar para atingir seu melhor potencial.

Agindo com autenticidade, o líder se transforma em uma figura leve e de fácil convívio, sem medo de reconhecer suas limitações, que aprende com seus erros e ajusta suas abordagens quando necessário. Essa capacidade de se adaptar e evoluir cria uma cultura organizacional flexível, capaz de enfrentar desafios de maneira eficaz. Em um ambiente onde a autenticidade é valorizada, a resiliência floresce, pois todos se sentem incentivados a enfrentar os desafios com uma mentalidade positiva.

À medida que as interações se tornam mais digitais, a inteligência emocional torna-se uma habilidade chave. Líderes que, através das telas, conseguem exercer a empatia em relação aos seus liderados, compreendem melhor suas necessidades e preocupações e constroem relações mais fortes e produtivas.

Empatia: a conexão humana na liderança

A empatia é uma força poderosa que une líderes e equipes. Compreender as perspectivas e sentimentos dos membros da equipe cria uma base sólida para a empatia. Um líder empático é capaz de reconhecer as necessidades individuais e responder de maneira compassiva.

A empatia vai além de uma simples expressão de simpatia, penetrando nas camadas mais profundas da compreensão e conexão genuína.

A empatia é a chave para a construção de relacionamentos autênticos e duradouros. A empatia pode transformar não apenas indivíduos, mas também culturas organizacionais inteiras; ela emerge como uma ferramenta indispensável na resolução de conflitos e na tomada de decisões éticas.

A conexão genuína, não apenas favorece uma liderança mais eficaz, mas também contribui para a criação de um mundo empresarial mais compassivo, resiliente e repleto de oportunidades para o crescimento pessoal e profissional.

Líderes transformadores cultivam uma cultura de inovação constante. Encorajar a experimentação, reconhecer o valor das ideias disruptivas e criar um ambiente onde o medo do fracasso seja substituído pela aprendizagem contínua, são componentes essenciais dessa abordagem.

A comunicação transparente é a chave para a confiança

A comunicação transparente é o alicerce sobre o qual se constrói a confiança. Líderes que compartilham informações de maneira clara e aberta criam um ambiente onde a confiança prospera. Ao revelar os objetivos da organização, desafios e planos futuros, os líderes estabelecem uma conexão mais profunda com suas equipes.

Em um mundo onde a incerteza e as mudanças são constantes, a comunicação transparente emerge como uma ferramenta crucial para líderes que buscam não apenas inspirar, mas também estabelecer confiança e eficácia. Ser transparente revela-se essencial durante períodos de crise; é vital durante o processo de tomada de decisões.

Líderes que comunicam de maneira transparente o raciocínio por trás das decisões, promovem uma compreensão mais profunda e uma aceitação mais ampla por parte da equipe. Isso não apenas reduz a resistência, mas também fortalece o alinhamento da equipe com os objetivos organizacionais.

Ao comunicar-se com transparência, o líder estabelece alicerces sólidos para a liderança eficaz e contribui para a construção de equipes resilientes, inovadoras e altamente motivadas.

Desafios superados pela autenticidade, empatia e comunicação transparente

As equipes lideradas com base nos fundamentos essenciais da liderança acima tratados estão mais preparadas para enfrentar os desafios e aprendem a se adaptar, evoluir e superar obstáculos, tudo de maneira coletiva.

A liderança eficaz requer, também, uma mentalidade de aprendizado contínuo. Líderes visionários estão sempre buscando aprimorar suas próprias habilidades e incentivando o desenvolvimento de suas equipes. Adaptabilidade e resiliência tornam-se aliados nessa jornada, pois os desafios são inevitáveis, mas a resposta que as equipes dão a eles é o que distingue os líderes verdadeiramente excepcionais. Tudo isso requer uma mentalidade de aprendizado contínuo.

É necessário examinar os princípios do autodesenvolvimento e como os líderes podem cultivar uma mentalidade de crescimento. Mergulhe em práticas como a meditação, *coaching* pessoal, terapias, autoconhecimento e gestão eficaz do tempo para maximizar a capacidade de liderança.

Um líder nato é prático e eficaz. Não perde tempo e nem energia com o que não agrega valores e se preocupa sempre em entregar melhores resultados com uma equipe alinhada e produtiva.

Assim, a liderança eficaz não é apenas uma posição a ser ocupada, mas uma jornada contínua de autenticidade, aprendizado e crescimento conjunto. É uma reflexão profunda sobre a responsabilidade de moldar não apenas resultados tangíveis, mas também o caráter e o impacto duradouro em seus liderados.

Destaca-se de que o líder não é apenas o condutor de uma orquestra, mas também o arquiteto de um legado duradouro. O verdadeiro êxito não reside apenas nos resultados tangíveis, mas na capacidade de inspirar e elevar aqueles que lideramos. A jornada é desafiadora, mas as recompensas da liderança autêntica e da alta performance transcendem as páginas desta obra, ecoando nas conquistas duradouras de equipes extraordinárias.

Um líder autêntico é um farol no caminho do sucesso, capaz de inspirar e cultivar a excelência coletiva.

Laís Pimentel

MAIARA BARRETO

Escritora, pintora, sagitariana inquieta e que ama batom vermelho. Sou professora universitária e mentora de gestão de negócios, liderança e vendas. Com 17 anos de experiência na área de empreendedorismo e gestão, treinando, gerindo e liderando o time de *backoffice* comercial e *sales operation,* obtive resultados como aumento de 298% em *leads* qualificados com menos recurso investido, estruturação dos processos organizacionais do time através de metodologias ágeis, aumento da taxa de abertura dos e-mails marketing e criação de KPI's. Graduada em Administração, com mestrado em Administração, MBA em Gestão Empreendedora e especialista em Direito Empresarial.

maiarabarreto

Maiara Barreto

maiara@maiarabarreto.com.br

https://maiarabarreto.com.br/

LIDERANÇA E PERFORMANCE

24 INOVAÇÃO E CRIATIVIDADE NA LIDERANÇA

Por Maiara Barreto

Comecei a empreender com 13 anos de idade. Fazia acessórios, bijuterias, pintura em tecido e em tela. Criei a minha primeira empresa: Maibá Acessórios. Minha família paterna é comerciante e sempre estive por perto nos negócios. Quando completei 16 anos, meu avô foi diagnosticado com câncer. Logo ele, que sempre foi presente na empresa com uma gestão centralizadora, se viu num momento da vida que ia ter que dividir seu tempo e atenção com o tratamento. Foi um momento em que todos não sabiam muito bem como iam proceder com tantos desafios: ausência de um gestor centralizador e a doença do meu avô. Foi neste momento que comecei a ajudar na empresa e perceber o quanto era importante o papel do líder e de uma equipe bem treinada. Com o tempo, decidi a ajudar outros empresários a organizarem as suas empresas atuando como consultora empresarial e líder de equipes.

Sempre me pergunto: que tipo de líder quero ser? A verdade é que muito se fala sobre liderança e pouco se faz para ser um bom líder. Muitos vivem no automático e sem intencionalidade. Mas líderes são pessoas cujas ações e palavras exercem influência sobre o pensamento e comportamento de outras pessoas, não apenas no trabalho, mas na vida como um todo. Um líder tem consciência do que faz e sabedoria em suas ações.

Um dos caminhos a serem seguidos para um líder obter sucesso é o do autoconhecimento, que é uma jornada para dentro de si. Afinal, se você não for capaz de liderar si mesmo, como vai liderar uma outra pessoa? Tanto é que já dizia John Maxwell que a pessoa mais difícil de liderar é sempre você mesmo. Não há como ser um líder bom e verdadeiro sem buscar entender antes o funcionamento e os impactos do seu comportamento nas pessoas e em si. Como se pode falar em exemplo a ser seguido, se o líder não busca conhecer as suas próprias reações perante determinadas situações? Quando você faz o que a grande maioria não faz, você está inovando. Inovar é justamente pensar e fazer o que antes não era pensado e nem realizado. Infelizmente é muito comum pessoas que ocupam cargos de liderança que não possuem o mínimo de conhecimento de si mesmo. Surpreendam-se: há quem diga que autoconhecimento é balela, mas conheço muitas pessoas que melhoraram seus resultados profissionais e financeiros depois que começaram a praticar o autoconhecimento. Eu sou uma delas. Com essa prática, você começa a entender quais são os seus princípios e valores, qual é o seu limite e como gostaria de agir com as pessoas ao seu redor e em determinadas situações. Acreditem, seu time sente isso em você e sem muito esforço, o resultado vem.

O fato é que a liderança contemporânea demanda um olhar renovado para inovação e criatividade. É importante explorar as nuances de como líderes visionários podem impulsionar suas equipes para além dos limites convencionais, desencadeando um processo de transformação que transcende as fronteiras do óbvio. Saiba, que para iniciar essa jornada requer uma disposição intrínseca para abraçar a mudança. A liderança inovadora compreende que a estagnação é inimiga do progresso e, portanto, esse líder deve cultivar uma cultura organizacional que celebra e inspira a experimentação e o aprendizado contínuo.

A criatividade floresce em ambientes que encorajam a diversidade de pensamento. Líderes inspiradores reconhecem a importância de equipes heterogêneas, entendendo que a combinação de perspectivas únicas gera soluções verdadeiramente inovadoras. A liderança de um time heterogêneo é desafiadora, afinal, é mais fácil liderar pessoas iguais do que pessoas diferentes. Contudo, são os conflitos de ideias que proporcionam inovação e criatividade. E isso começa na contratação. Como estão sendo os seus processos seletivos? Eles estão em sinergia com as características do time que deseja formar? Fazer recrutamentos internos, em que os líderes aparecem, falam um pouco da empresa, dos objetivos e mostram qual cultura é permeada ali dentro, reflete no estilo de candidatos que você atrai.

Um ponto extremamente importante de ser mencionado é a tecnologia, que pode parecer clichê, mas ainda existem muitas empresas conservadoras com aversão ao mundo tecnológico e não aproveitam os benefícios que a tecnologia pode proporcionar. Sem contar na otimização de tempo. Líderes criativos não apenas adotam ferramentas, mas também as utilizam para potencializar a eficiência e criar novas possibilidades para suas organizações. Através da tecnologia, se pode delegar tarefas de forma mais otimizada e dar mais liberdade para o time. Uma ferramenta que utilizo para liderar e delegar tarefas para a minha equipe é a plataforma Asana. O resultado vem de uma delegação bem realizada. No Asana, consigo adaptar à minha realidade e me permite delegar uma tarefa fora do horário sem que eu precise mandar uma mensagem para o colaborador ou esqueça de solicitar por não fazer na hora. Geralmente eu divido as seguintes colunas: "a fazer", "em andamento", "concluído", "ideias", "*backlog*" e "abortado".

Na coluna do "a fazer", eu coloco as tarefas que meus liderados precisam realizar, com data de entrega, responsável pela tarefa, descrição, comentários e todas as informações que consideram que podem ser úteis. Quando eles começam a fazer essa tarefa, eles arrastam para a coluna "em andamento" e automaticamente chega no meu e-mail essa ação realizada no Asana, o que me poupa de ficar perguntando se a pessoa já começou a fazer tal atividade. Quando a tarefa é concluída, ela é movida para a coluna "concluído". Na coluna "ideias", colocamos as ideias que vão surgindo nas *sprints* (reuniões rápidas que fazemos semanalmente para planejar a semana e revisar o que foi realizado na semana anterior), mas que ainda não foram organizadas para serem colocadas em prática e nem delegadas. Elas são colocadas ali justamente para não serem esquecidas. Na coluna "*backlog*", ficam as tarefas que não são prioridade, mas que precisam ser realizadas. Elas ficam separadas para não poluírem a coluna do "a fazer". E por fim, ficam as tarefas que foram abortadas, aquelas que, por algum motivo, não foram colocadas em prática. Como gosto de deixar tudo documentado, prefiro arrastá-las para essa coluna, do que simplesmente apagá-las. Toda essa organização me proporcionou mais controle do time, descentralização, delegação mais eficaz e liberdade ao mesmo tempo. Outra vantagem é que, através de *feedbacks* contantes com meus liderados, percebo o quanto essa forma de gestão é eficiente.

"Mas e o risco de usar a tecnologia, inovar, se sempre fiz assim e deu certo?" Sim, já ouvi essa pergunta. O risco é inerente à inovação, e líderes corajosos são aqueles que ousam desbravar territórios desconhecidos. É nas tentativas e erros que se constrói a base para o sucesso. Mas quem nunca tenta, nunca constrói nada. Eu sempre falo para os meus liderados: "Estamos fazendo testes para identificar qual a melhor forma". Sem testar, nunca saberemos.

E o que seria essa liderança inovadora? A liderança inovadora não se trata apenas de ideias mirabolantes, mas também de execução eficiente. Um líder criativo é aquele que alinha sua visão a uma estratégia sólida, garantindo que as ideias se transformem em resultados tangíveis. A empatia é a cola que une equipes inovadoras. Líderes eficazes compreendem as necessidades e as aspirações de seus colaboradores, promovendo um ambiente de trabalho que nutre a confiança e incentiva a expressão autêntica de ideias.

Outro mecanismo de gestão que utilizo com meu time são as *sprints* e *reviews*. Elas fazem parte da metodologia ágil de gestão e são altamente eficientes. Fazemos semanalmente uma reunião rápida no início da semana em que é revisado o que foi feito na semana anterior e, se algo não foi realizado, é colocado em pauta o motivo, observado o que está dando certo ou não. Assim tem-se o percentual de produtividade daquela *sprint*. A vantagem dessa reunião é também a proximidade com o time. Entende-se proximidade não apenas profissional, mas também pessoal. Somos humanos, e antes de qualquer coisa, eu quero ver o meu time feliz e saudável. Posteriormente, passamos rapidamente pelas tarefas delegadas para a semana que está iniciando. É importante realizar essas reuniões com certa frequência para que se possa corrigir rapidamente o que não está dando certo. E a melhor forma é ouvindo o time e avaliando.

Aproveito esse momento para também realizar algumas dinâmicas com eles. Uma delas que já realizei que considero ótima para avaliar algo é a dinâmica do "que bom, que tal, que pena". Você distribui *post-its* de três cores diferentes e pede para eles colocarem em cada cor o que eles avaliam como pontos positivos no "que bom", pontos negativos no "que pena" e sugestões de melhorias no "que tal". Você pode dividir um quadro com essas colunas ou uma folha branca A3 ou cartolina. Depois é só avaliar com o time o que foi colocado. É uma dinâmica que proporciona crescimento e sentimento de pertencimento. Até porque, um passo que considero importante para o líder que busca inovar é a construção da visão sistêmica. Essa é a famosa visão 360º, que olha não apenas as suas tarefas, mas as pessoas como um todo, o seu aspecto emocional, os outros departamentos da organização e a sinergia entre toda a empresa. Aqui, pode-se perceber uma atuação da empatia, sendo uma das características que considero mais importantes em um líder de sucesso.

É preciso ter em mente que liderar não é um cargo. Liderar é uma missão. E para se tornar um grande líder, você deve, antes de tudo, querer. Assim como tudo na vida. **O tamanho da sua vontade, designa o seu esforço e consequentemente o seu sucesso.**

A inovação e a criatividade são pilares fundamentais para a liderança do futuro. Ao abraçar a mudança, promover a diversidade de pensamento e alinhar estratégia à execução, os líderes podem conduzir suas organizações a patamares extraordinários, moldando o curso do progresso de maneira notável.

A criatividade floresce em ambientes que encorajam a diversidade de pensamento.

Maiara Barreto

MARCELLO SOUSA

Sou Marcello Sousa, nasci em Guarulhos/SP e resido há 10 anos em Fortaleza/CE. Sou casado com minha amada esposa Débora Cipriano.

Iniciei minha trajetória aos 14 anos como professor voluntário de inglês. Fui contratado para ser professor em uma escola profissionalizante em Itaquaquecetuba/SP. Aos 17 anos, me tornei professor e coordenador do CNA Idiomas, escola onde eu havia estudado como aluno bolsista.

Em 2012, fui para Los Angeles/CA obter o CELTA (Certificate in English Language to Speakers of Other Languages) da Cambridge English. Voltei para o Brasil motivado a empreender no ramo de idiomas.

Tenho formação em Gestão de Pessoas e MBA em gestão Empresarial pela FGV.

Hoje, sou multifranqueado do CNA Idiomas há 10 anos e atuo em Fortaleza, Natal, Juazeiro do Norte e Campina Grande. Amo o que faço e busco fazer a diferença na vida dos alunos, pais e colaboradores do Grupo M7x.

marcello.m7x
Marcello Sousa
marcello@cna.com.br
marcello@cna.com.br

25 COMO EXERCER UMA LIDERANÇA COM HUMILDADE

Por Marcello Sousa

Certa vez, um experiente executivo de uma multinacional farmacêutica foi convidado pela empresa para assumir uma nova oportunidade. Como parte do processo seletivo, ele deveria passar por um treinamento em um mosteiro no Nepal. Inicialmente, ele relutou, mas entendeu que era um pré-requisito para a vaga. Então, o executivo aceitou passar pela experiência, pois tinha muito interesse em ser aprovado para o novo desafio.

Ao chegar no mosteiro, foi recepcionado por um monge que logo o conduziu para uma cozinha. Era um espaço simples, com móveis rústicos e pouca estrutura. Assim que o mestre começou a preparar um chá, o experiente executivo passou a falar sobre os tipos de ervas ideais para um chá de qualidade, afinal, uma de suas especializações acadêmicas era fitoterapia e já fora um *sommelier* de chá. Enquanto isso, o mestre, atentamente escutava o homem. O executivo, sabendo que estava participando de um treinamento, contou suas principais conquistas, como: troféus, diplomas e suas viagens internacionais. Enquanto isso, o monge colocava a chaleira e as xícaras à mesa. Assim que começou a servi-los, o monge, propositalmente, seguiu enchendo uma xícara de forma que o chá passou a derramar, deixando o executivo angustiado com aquela cena. Então ele perguntou: "O senhor não está vendo que o chá está derramando?" O monge, pela primeira vez, falou: "Percebe como uma xícara transbordando traz desconforto à alma? É assim que você tem se mostrado: uma xícara cheia que não dá espaço para o vazio preencher suas convicções para assim tomarmos o nosso chá."

Meu convite para você é que, neste capítulo, eu possa ajudá-lo a reavaliar quais atitudes impactam para que sua liderança tenha diversas características positivas, mas, acima de tudo: a humildade. Liderar é uma arte que exige propósito, gestão e autoconhecimento. Ser humilde é diferente de ser humilhado. Já parou para pensar nisso?

Uma das mazelas humanas é o orgulho. Pessoas orgulhosas se autodestroem e afastam quem está por perto. Por isso, o antídoto é a humildade. Um líder de alta performance precisa ser humilde, porque nem sempre terá respostas às suas próprias perguntas e as do seu time. Uma das minhas frases favoritas é: não tenho essa resposta agora, mas vou buscá-la e falaremos novamente em breve. Tal postura demonstra humildade, responsabilidade e integridade. Um líder humilde conquista o respeito da sua equipe.

O papel do líder, primeiramente, é o de não atrapalhar. Em segundo lugar, desenvolver um ambiente seguro para o erro, afinal, errar faz parte do processo de aprendizagem; só precisamos corrigi-lo com velocidade e evitar que ele se repita. Inclua a possibilidade de errar como parte do processo para atingir a excelência que tanto almeja. Use os erros como oportunidade de aprendizado.

Muitos brasileiros têm certa aversão a aprender inglês porque ao longo da vida escolar estudaram o famoso "verbo *to be*". Aprendemos que esse verbo significa "ser" ou "estar". Assim, a frase "*I'm a leader*" seria traduzida como "eu sou líder" ou "eu estou líder". Qual tradução você prefere? Como eu disse, meu objetivo aqui é provocar suas certezas e fazê-lo repensar se verdadeiramente está aberto para mergulhar no *mindset* da liderança humilde. Sua posição é transitória, passageira. O que realmente importa é como você se comporta.

O sucesso é para aquele líder que sonha grande, planeja grande, inspira grande e tem coragem de ser pequeno.

Um líder exerce sua humildade quando planeja uma reunião com a sua equipe e faz as perguntas certas, abrindo espaço para que todos expressem suas ideias.

Estar aberto para receber *feedback* do time é uma das formas mais eficientes de exercitar uma liderança humilde. Ter diálogos abertos, sinceros e respeitosos, cria uma cultura empresarial forte o suficiente para que projetos, metas e visões sejam atingidos. O momento "café com bolo" é muito estratégico para um líder. Sem aviso prévio, sugiro que você convide alguém da sua equipe para tomar um café com você e provar um pedaço de bolo. Em um mundo cada vez mais agitado, impaciente e imediatista, dedicar alguns minutos para um colaborador, tem um valor inestimável. A partir dessa conversa informal, surgem *insights* e *feedbacks* que aproximam o colaborador do seu líder. É interessante como as relações mudam, evoluem. Por muito tempo, o termo "funcionário" era muito comum no ambiente corporativo. Para mim, ele é pejorativo. Nos tempos atuais, aprendemos que as pessoas não funcionam, mas colaboraram. Por isso, quando se referir ao seu time, sugiro que se refira a eles como "colaboradores".

Para desenvolver uma cultura organizacional que estimule os colaboradores a serem humildes, é necessário que, primeiro, a liderança busque essa virtude. Há uma frase que diz: "uma equipe é o espelho do seu líder". Eu acredito muito nela. Além da liderança, é preciso olhar para o jeito como as coisas funcionam. Para mim, essa é a melhor definição de cultura organizacional. Enquanto dono de empresas, busco zelar pelo clima e cultura dos meus negócios, pois tenho clareza que o ambiente contribui para aqueles líderes que buscam exercer sua influência com humildade, simplicidade e eficiência.

Sabemos que indivíduos arrogantes, prepotentes e orgulhosos expressam em sua comunicação, verbal e não verbal, certo distanciamento das outras pessoas com quem se relacionam. Como líder, sabendo que é necessário influenciar o time para o atingimento dos resultados, como seria possível exercer uma liderança descartando a humildade?

O grande segredo para exercer uma liderança humilde está no autoconhecimento. "Conhece-te a ti mesmo" é a frase em destaque na entrada do templo de Apolo, deus grego, no século IV a.C. A partir dessa autoanálise, é possível compreender nossas fraquezas e caminhar em direção às virtudes que nos deixam mais próximos da excelência. São elas: alegria, paz, paciência, sabedoria, prudência, temperança e humildade. Cada virtude exige um esforço diário para que nossos pensamentos, sentimentos, atitudes e hábitos sejam saudáveis para nós mesmos e para os grupos em que atuamos. É importante lembrar que a autoliderança é o primeiro passo para atingirmos os resultados que desejamos. Seja líder dos seus sonhos, projetos e aspirações. Tenha *mindset* de atleta. Exercite disciplina, foco e resiliência. Colabore para que seu time ultrapasse as metas. Mantenha o canal de comunicação aberto para receber *feedbacks*.

Uma das responsabilidades do líder é avaliar o trabalho do time e dar *feedback*. Comece a fazer o caminho contrário: peça para as pessoas avaliarem o que você faz durante o trabalho. Após uma reunião, pergunte o que as pessoas mais gostaram e se há algo que fariam diferente. Se necessário, faça em particular.

Ser humilhado é uma questão pessoal e intransferível. Os outros não conseguem humilhar você, a menos que permita. É sempre sobre você, não os outros. Um dos meus personagens favoritos é o Superman. No filme O homem de aço, uma das cenas que mais gosto é quando, em um bar, o super-herói está vestido de garçom e presencia sua colega de trabalho sendo assediada por um cliente. Imediatamente ele intervém na situação e pede que o cliente respeite a moça. Não satisfeito, o homem vira o copo de cerveja na cabeça do homem de aço e debocha dele na frente de todos. Sua colega pede que ele fique calmo e não revide o insulto. Em seguida, ele tira o avental e se afasta da situação. Analisando essa cena é possível perceber que o personagem principal não foi humilhado, pois tinha plena convicção de quem ele era e que poderia, num piscar de olhos, lançar seus superpoderes. Por esse motivo, alguém só consegue nos humilhar se nos colocarmos nessa posição.

Outro exemplo, agora real, foi Jesus Cristo. Independentemente da questão religiosa, sabemos que ele foi um grande líder que inspira milhares de pessoas há mais de dois mil anos. Foi capaz de reunir um grupo de homens e mulheres, extrair o melhor de cada um e influenciá-los a serem seus seguidores. Curou doentes, ressuscitou mortos e fez diversos milagres. Mesmo assim, permitiu a sua paixão e morte. Eu poderia citar outros exemplos: Nelson Mandela, Mahatma Gandhi, Madre Teresa de Calcutá e David Packard. Liderar de forma humilde é sobre você, nunca sobre os outros.

Três dicas práticas para exercitar uma liderança humilde:

1. **Admita que você não tem todas as respostas.**

É comum que o time recorra ao líder para tirar dúvidas sobre procedimentos internos, uso de sistemas ou desafios com clientes para serem resolvidos. Nem sempre o líder tem a resposta para essas dúvidas que possam surgir na rotina do trabalho.

2. Reflita sobre o que deu errado.

Avaliar um projeto, buscando identificar quais pontos merecem atenção para que, na próxima oportunidade, os erros sejam evitados, demonstra maturidade de um líder e do seu time.

3. Compartilhe o mérito das conquistas com seu time.

O líder deve reconhecer a relevância da sua equipe para atingir os resultados. Quando eles forem positivos, é papel do líder aplaudir e enaltecer a importância das pessoas envolvidas no projeto, destacando o esforço de cada um.

Entendo que todos nós erramos e devemos buscar a humildade em nosso cotidiano. Às vezes, fazemos comentários maldosos, falamos de forma dura com os outros e até queremos um maior destaque no que fazemos. O grande segredo da humildade está na capacidade de pedir desculpas e reconhecer que erramos. Nossa intenção pode ter sido a melhor do mundo, mas se alguém que estava envolvido na situação sentiu-se desapontado, exposto ou triste, temos o dever de pedir desculpas.

Seja você um líder que faz a diferença no seu ambiente de trabalho. Desperte nas pessoas o desejo de conhecer melhor sobre você, demonstrando um comportamento que seja diferente da maioria dos líderes. Desejo que busque a virtude da humildade em suas relações e que, com ela, construa relações sustentáveis, verdadeiras e duradouras. O mundo precisa de você.

O sucesso é para aquele líder que sonha grande, projeta grande, inspira grande e tem coragem de ser pequeno.

Marcello Sousa

MÁRCIA TURCI

Márcia Turci, filha amada de Deus, esposa do Diego, mãe do Thiago, Lucas e Isabella. Apaixonada por Jesus e ensinar pessoas.

De operadora de caixa a executiva em uma multinacional, escolhi morar fora do país e recomeçar. Abri uma empresa e um instituto, criamos o Método Advance 3F e estamos ajudando pessoas a transformarem suas vidas, com treinamentos, consultorias e mentorias, fortalecendo sua fé, alinhando a família, com crescimento profissional e prosperidade nos seus negócios, trabalhando corpo, alma e espírito para viver seu destino cumprindo propósito a partir da sua origem.

marciaturci

institutoturci

we4.solution

+1 (941) 735-7154

turciregina@gmail.com

26 GESTÃO DE CONFLITOS E RESOLUÇÃO DE PROBLEMAS

Por Márcia Turci

Desde que o homem existe, conflitos são os maiores desafios do relacionamento entre pessoas. Conflitamos com pais, filhos, famílias, amigos, equipe, conflitamos até no supermercado; logo, se existe pessoas, existe conflito. A grande questão é compreender corretamente o que é um conflito. A maiorias das pessoas evitam conflitos porque acreditam que estarão "brigando" com alguém. Outras pessoas, de fato atuam no conflito para estabelecer sua razão.

Quero primeiro apresentar aqui, como na liderança consegui atuar nos relacionamentos com a equipe, com pares e até mesmo com líderes, através da gestão de conflitos.

Meu primeiro entendimento foi que, conflito não é discussão de razão, mas interesses, opiniões e decisões diferentes para soluções coletivas.

A primeira etapa para ser um líder que soluciona problemas é fazer gestão de conflitos, alinhar os interesses de uma equipe, de pares e resultados para o atingimento das metas propostas e cumprimento do propósito do empreendimento.

Mas por que a maioria dos líderes não conseguem estabelecer uma gestão saudável dos relacionamentos e foco na resolução dos problemas?

Alguns temas são influenciadores nos conflitos e resolução de problemas: a comunicação, o temperamento de cada pessoa, a estrutura emocional, história de vida dos envolvidos e a maturidade profissional deles, influenciam o resultado de cada problema apresentado.

O líder precisa se conhecer para poder exercer a melhor gestão no momento de assuntos difíceis e soluções de problemas, quando ele não sabe liderar a si mesmo, provoca o conflito, isso porque somos seres espirituais em um corpo que possui alma. Então, o autoconhecimento é tudo, o que você carrega poderá influenciar a sua comunicação.

Quando a comunicação do líder não está clara e com foco na resolução dos problemas, produz na equipe desmotivação e gera discussões e improdutividade que não contribuem para atingir os resultados esperados.

Na minha experiência liderando equipes e influenciando mais de 27 mil colaboradores, observei que o grande gerador de conflitos é a falha na comunicação.

Estudando os temperamentos de cada liderado meu, comecei a usar as ferramentas da comunicação de acordo com cada perfil, facilitando o entendimento de quem seria o transmissor das mensagens para que o resultado coletivo fosse alcançado.

Na gestão de conflitos, o foco sempre será resolver, e para isso enfrentaremos a forma que cada um se comporta no momento que o problema aparecer.

Quero trazer uma ferramenta que mudou a minha forma de liderar e fazer gestão para solução, considerando o melhor para o resultado, time e clientes.

Acessei a ferramenta de Thomas Kilmann Instrument que ensina sobre os estilos de conflito, segundo Wikipédia (Google): o "TKI" foi desenvolvido por Kenneth W. Thomas e Ralph H. Kilmann no começo da década de 70. O instrumento é baseado em aprimoramentos teóricos, feitos por Kenneth Thomas sobre um modelo de estilos de conflitos gerenciais, proposto por Robert R. Blake e Jane Mouton, na década de 60 (Blake & Mouton, 1964), e é um instrumento elaborado para identificar as tendências comportamentais de um indivíduo ao lidar com conflitos interpessoais. A partir de um questionário, são descritos cinco estilos de lidar com eles. O relatório ajuda o respondente a perceber quais são os estilos mais utilizados e de que forma isso pode auxiliar o indivíduo nas suas relações com as outras pessoas. O questionário possui 30 questões que identificam a intensidade das preferências em cada um dos cinco estilos de resolução de conflitos.

Veja abaixo o quadro dessa ferramenta para cada estilo na hora do conflito:

Assertividade (grau pelo qual você tenta satisfazer seus próprios interesses)
Cooperação (grau pelo qual você tenta satisfazer os interesses do outro)

Competição

É um estilo baseado em alguém muito assertivo, mas pouco cooperativo.

Ele se baseia no desejo de atender as necessidades e preocupações de uma pessoa em detrimento dos interesses de outras.

Como é um estilo orientado pelo poder, aqueles que o usam conseguem cooperação através da força, criando relações defensivas em outras pessoas.

Ele pode ser visto no local de trabalho em pessoas que insistem em sempre conseguir tudo do jeito querem.

No entanto, existem momentos nos quais este é o método apropriado a usar, quando usado com bom senso.

Por exemplo, é apropriado quando uma pessoa precisa se proteger de outras que têm tendência a tirar vantagem do seu comportamento não competitivo.

Colaboração

Estilo que envolve uso máximo da cooperação e assertividade. O estilo visa atender as necessidades e preocupações de ambas as partes. Este estilo:

1. reconhece que há um conflito;
2. identifica e reconhece as necessidades, preocupações e metas de todas as partes envolvidas;
3. identifica resoluções alternativas e suas consequências para cada pessoa;
4. lista as alternativas para atender as necessidades e preocupações para atender as metas de cada parte;
5. implementa a alternativa e avalia os resultados.

Este estilo requer mais comprometimento, tempo e energia que os outros e por isso deixa de ser usado quando as pessoas pensam que devem prosseguir para outras atividades. No entanto, é o estilo mais apropriado em muitas situações de trabalho nas quais a resolução precisará do apoio total e contínuo de todas as partes envolvidas.

Acomodação

Estilo caracterizado por um comportamento cooperativo, mas pouco assertivo.

As necessidades e preocupações da outra pessoa são colocadas em primeiro lugar, mesmo quando a pessoa tem fortes necessidades e preocupações no conflito.

É um estilo apropriado se uma parte das partes não está preocupada com a outra.

Evasão

Estilo caracterizado pela falta de cooperação e comportamento pouco assertivo.

O conflito não é resolvido e ambas as partes podem parecer ou ser realmente indiferentes às necessidades e preocupações umas das outras.

Embora esta técnica possa ser útil temporariamente quando há informação insuficiente para continuar, ela raramente é uma boa solução permanente.

Como situação permanente, é apenas útil quando a possibilidade de encontrar uma solução é muito baixa.

Conciliação

É um meio termo entre todos os outros estilos e alcança apenas um entendimento parcial das necessidades, preocupações e metas de cada pessoa ou parte envolvida.

Por exemplo, apenas alcança parcialmente os benefícios da colaboração, mas ajuda a evitar algumas armadilhas de outros estilos, como evasão e competição.

É um estilo adequado quando apenas uma solução temporária é buscada, quando as partes investem apenas moderadamente em seus interesses ou quando há um forte comprometimento para metas mutualmente excludentes e seja improvável que qualquer uma das partes consiga se impor à outra.

Essa é apenas uma amostra dessa ferramenta poderosa, mas, desde que passei a utilizar, minhas propostas de soluções foram mais assertivas para a minha equipe. Comecei a ter o estilo adequado para cada momento, tanta na minha carreira como na vida pessoal.

Passei a compreender como levar as pessoas para a solução do problema e não ficarem com conflitos que até levam a fim de relacionamentos, demissões e prejuízos nos resultados de forma geral.

Claro que em um capítulo não conseguirei compartilhar todas as ferramentas de liderança que têm me ajudado ao longo de mais de 20 anos de carreira, no entanto, aprender a me comunicar melhor com o estilo necessário na hora do conflito, tornou minha gestão mais saudável e com foco na resolução do problema.

Por princípio, meu modelo de liderança é Jesus, e aliada a todas as ferramentas, a minha primeira consulta sempre é o manual de instruções que ele deixou para a humanidade; encontramos respostas para os conflitos mais difíceis do dia a dia, pois nesse manual podemos observar que servir sempre é uma atribuição do líder. Facilitar e promover o avanço do outro é um sucesso para quem aplica; empatia e humildade promovem o diálogo para solução e o perdão e arrependimento dos erros, ajustam a rota dos resultados.

Quero deixar para finalizar meu capítulo e minha participação nesta obra linda, *Liderança e performance*, uma instrução que um dos maiores seguidores de Jesus deixou, retirado do manual mais lido, a Bíblia Sagrada.

Em romanos 12, um grande líder, Paulo de Tarso, que de perseguidor da liderança de Jesus se tornou um liderado que aplicou todos os ensinamentos, deixou no manual, a Bíblia, a instrução de como convivermos com pessoas com diferentes dons e talentos. Uma das maiores instruções nesse texto da Bíblia é a humildade, que depende da Graça Divina para exercer a nossa missão na terra, e como agimos e procedemos enquanto nos relacionamos com as pessoas; ele nos ensina a lidar com os conflitos e buscar a solução.

A razão pela qual a resolução de conflitos é tão difícil é que hesitamos em nos colocar em situações desconfortáveis. Frequentemente, não estamos dispostos a nos humilhar o suficiente para admitir que podemos estar errados ou fazer o que for necessário para corrigir erros se estivermos, de fato, errados.

"Sede unânimes entre vós; não ambicioneis coisas altas, mas acomodai-vos às humildes; não sejais sábios em vós mesmos." (Romanos 12:16)

Lembre-se líder, você tem uma meta de entregar resultados, no entanto, você alcançará com pessoas, seu time precisa da sua escuta, da sua facilitação em resolver problemas. Aprendendo a cada dia mais com humildade para ouvir e fazer gestão correta dos conflitos, não tenho dúvidas que você poderá transformar ambientes, alavancar resultados e promover pessoas.

Deus lhe abençoe.

Um conflito precisa de um líder que soluciona problemas. Se você é um líder, o problema é seu.

Márcia Turci

MICHAEL SANTOS

Cristão, casado há 16 anos com a Lia, formado em desenvolvimento de sistemas para a internet, com MBA em gestão de projetos e *coaching* e diversas formações nas áreas do desenvolvimento humano. Foi em 2014 que descobri o que realmente me move, o que me faz vibrar: a chance de ver as pessoas crescerem e melhorarem, tanto no trabalho quanto na vida pessoal.

Encontrar meu propósito não foi fácil, mas assim que o identifiquei, foi uma revelação que me tocou, uma sensação de estar fazendo o que sempre quis fazer. Minha jornada no desenvolvimento humano me proporcionou aprendizados valiosos, mas foi na comunicação e liderança que encontrei minha verdadeira paixão.

Hoje, ao ver o impacto positivo que posso ter na jornada de cada indivíduo que caminha ao meu lado, sinto-me impulsionado a compartilhar cada vez mais desta experiência.

omichael.santos

Michael Rodrigo Santos

27 GESTÃO DE CRISES E RESILIÊNCIA ORGANIZACIONAL

Por Michael Santos

Falar sobre gestão de crises e resiliência organizacional é algo que realmente me faz lembrar de muitas coisas. E esse foi um tema que não aprendi na teoria, mas, sim, na prática. Em 2014, fui promovido para o cargo de coordenador de suporte. Naquela época, a empresa crescia muito e havia muitos desafios, um deles era a busca por um novo coordenador para o time de contas estratégicas da qual já havia feito parte como analista, pois a relação do atual estava desgastada com o parceiro.

Aliado a esses fatores, pesava o fato de a nossa aplicação ser de alta disponibilidade; era um cliente muito importante e o time era praticamente novo. Em alguns lugares chamam isso de "tempestade perfeita", e creio que não poderia haver cenário melhor para aprender como fazer gestão de crises.

Devido às minhas habilidades técnicas e ao relacionamento com a equipe parceira, a gestão da companhia percebeu a oportunidade de me promover.

Ao longo das primeiras semanas, já apareciam diversos incidentes que, por si só, demandavam muita atenção, mas foi no final de 2014 que ocorreu o episódio que realmente marcou a minha gestão.

Passávamos por uma fase de migração e atualização de nossos sistemas junto aos clientes que estavam sob minha supervisão, e eis que em uma dessas atualizações, justo em um dos maiores varejistas do país, o pior aconteceu. Mesmo diante de todo o planejamento — que, a meu ver, era perfeito. Reuni todas as pessoas necessárias e envolvi diferentes setores da empresa para realizar esta atualização. Mais de dez pessoas estavam trabalhando presencialmente, dando o melhor de si para garantir que tudo saísse conforme o planejado. No entanto, o plano, que parecia perfeito, não se mostrou tão perfeito como esperávamos.

Tínhamos alinhado uma janela de quatro horas para a atualização total dos sistemas, no entanto, já decorrido três das quatro horas disponíveis, nos deparamos com situações que não foram pegas em homologação. A essa altura não tínhamos mais como realizar qualquer tipo de *rollback*. Aqui iniciava uma corrida contra o tempo. Dentro de uma hora, os centros de distribuição deste varejista abririam e se iniciaria toda a rotina frenética que só quem trabalhou no varejo sabe como é. Ok, mas qual era o problema? Simplesmente nosso sistema não deixava que qualquer nota fiscal fosse gerada, impedindo que um faturamento de cerca de 50 mil notas por dia fosse adiante. Enormes filas se formaram nos centros de distribuição, caminhoneiros estavam irritados com a demora, a alta gestão das empresas já estava envolvida, e o caos se estabeleceu. Esse foi o momento em que enfrentei minha primeira grande crise na gestão. Com tantos tópicos e variáveis, naquele instante eu realmente não sabia por onde começar. Foi quando me perguntei: "O que de pior pode acontecer?" E, a partir desta resposta, fui traçando um cenário melhor.

A primeira coisa que pensei foi na minha equipe, e digo que é a primeira lição em uma gestão de crise. Aqui destaco que, na gestão de crise, o time precisa do apoio de um verdadeiro líder, não de uma pessoa desesperada, por mais pressão que tivesse sobre mim, por mais que os impactos fossem negativos. De tudo o que eu poderia perder naquele momento, o que não poderia perder era o time e o foco deles na resolução do problema.

Aprendi aqui que, em qualquer que seja a crise, o primeiro ponto de todos é: tenha o time sempre à mão, a sua equipe sempre será o bem mais valioso de todos; lembre-se que esse era um time novo, se desenvolvendo e se capacitando, e sendo eu o mais experiente no momento, o que precisava era passar a tranquilidade para que eles pudessem executar com a maior calma possível; claro que todos estavam cientes de todo impacto gerado naquele momento.

Com o "tic-tac" do relógio batendo, minuto a minuto, e vendo que o time esperava por uma reação de minha parte, prontamente falei: "Pessoal, precisamos reunir todos agora! Vamos avaliar cada problema com atenção e classificar quais os graus de dificuldade de cada um".

Assim, elencamos as prioridades para que tudo fosse resolvido o mais breve possível, afinal, cabia a mim, enquanto líder, encontrar clareza em meio ao caos. E foi nesse dia que aprendi que a dinâmica da equipe reflete diretamente na maneira como você lida com as situações.

Ao conduzir a avaliação da situação com a equipe, decidi que, daquele momento em diante, todo o contato seria centralizado em mim, permitindo que os analistas se concentrassem exclusivamente na resolução do problema enquanto eu tomava conta da gestão da situação.

Em momentos de crise, é inevitável tomar decisões que não irão agradar a todos, mas que são cruciais para enfrentar os desafios. Portanto, se você traçou um plano de ação, foque nele e não se desvie até que tenha alcançado o seu objetivo.

Nesse momento, percebi o poder das priorizações, pois é extremamente importante definir prioridades uma vez que se tudo for prioridade, nada é prioridade. Naquele cenário caótico onde cada item clamava por uma ação imediata, eram as priorizações que me trariam a clareza para entender como poderíamos avançar.

Aliás, a resiliência vem muito da clareza que temos frente às situações. Como podemos seguir se não sabemos para onde estamos indo? Se resiliência é a capacidade de se adaptar às mudanças, saber quais são as suas prioridades permite que tenha em mãos as ferramentas mais assertivas para o trabalho.

Definidas as prioridades, a equipe tinha uma direção clara de onde concentrar seus esforços. Isso não apenas agilizou a resolução do problema, como pavimentou o caminho para uma recuperação mais eficiente e sustentável.

Com todos os alinhamentos realizados, a diretoria envolvida começou a enxergar que estávamos indo em direção a solução de todo aquele caos. Ponto a ponto, começamos a restaurar os sistemas, normalizando as operações. Entretanto, a essa hora já havíamos estourado o prazo. O que era para finalizar às quatro da manhã, já passava das oito quando conseguimos deixar tudo operacional. Isso mostra que, em tempos de crise, a capacidade de priorizar não é apenas uma estratégia de gestão, mas uma ferramenta essencial para orientar a equipe em direção à resolução. Ufa! Então, acabou por aí? Muito pelo contrário! A crise que havia se instaurado teria impactos significativos no decorrer da semana.

Precisávamos entender o que ocorreu, e ainda havia pequenos problemas por resolver.

Até aqui falei sobre o papel de um líder na gestão de crises e sobre a importância de saber definir prioridades nessas ocasiões. O terceiro ponto que tenho para compartilhar com você se refere às lições aprendidas. Aliás, talvez este seja o item de maior relevância nesta jornada, uma vez que é esse aprendizado que nos permite crescer, pessoal e profissionalmente.

Não é uma questão de encontrar culpados e apontar o dedo, isso é coisa de chefe, de "gestão 1.0", coisa do passado, mas, sim, de olhar onde podemos melhorar o processo, o que falta para chegarmos em uma próxima atualização sem problemas, quais foram os "combinados" que acabamos por não cumprir; até mesmo ver se as pessoas que estavam ali, realmente tinham as habilidades necessárias para compor tudo aquilo. Parece muito trivial e básico, mas foi aqui que entendi que precisaria desenvolver minhas habilidades de análises de crises.

Foi neste ponto que realmente comecei a ter uma visão mais holística das coisas e verifiquei que havia coisas que poderiam e deveriam ser delegadas, pois eu não era a pessoa mais habilitada para tudo. Quando falamos de liderança, não precisamos saber de tudo e fazer tudo. Muito pelo contrário! O que precisamos é avaliar cada situação e entender como podemos melhorar, como dar mais condições para que o time seja mais resiliente, como fazer de novo e de novo, até não termos mais falhas. Em resumo, como extrair o melhor de cada indivíduo, para que cada um enxergue dentro de si o talento que você vê neles.

E assim, em meio ao caos e às incertezas, aprendi que liderar não é apenas enfrentar crises, mas também moldar o futuro com a sabedoria extraída das adversidades, afinal, o que seríamos sem elas?

Vejo que em cada erro que cometi encontrei uma lição, em cada desafio, uma oportunidade de crescimento. Assim, aprendi que a verdadeira essência da liderança não reside apenas em superar obstáculos, mas em transformar cada revés em um próximo degrau para o sucesso. As crises são inevitáveis, mas é na resiliência que descobrimos, não somente a nossa verdadeira força, mas a força daqueles que estão em nossos times.

Ao olhar para trás, vejo mais do que momentos difíceis superados, vejo uma equipe que se tornou uma família, profissionais que se transformaram, e um processo de aprendizado contínuo que transcende as páginas do tempo, que hoje são líderes, gestores e o fazem com maestria.

Hoje, meu propósito é claro: **inspirar outras pessoas a verem não apenas os desafios diante deles, mas as infinitas possibilidades de crescimento que eles oferecem.**

Ser um líder é ser mais do que alguém que soluciona problemas, é ser alguém que capacita, guia e, acima de tudo, acredita no potencial ilimitado de cada indivíduo.

Que este relato não seja apenas uma narrativa sobre crises superadas, mas um convite para transformar cada desafio em uma jornada de autodescoberta e evolução. Pois, em meio ao caos, encontramos não apenas a resiliência, mas a oportunidade de explorarmos todo o nosso potencial.

Que cada líder, diante de suas crises, possa enxergar não apenas a tormenta que o assola agora, mas a calmaria que virá na sequência. Afinal, a verdadeira liderança não se mede nos momentos de calmaria, mas nas tempestades que enfrentamos com coragem e a certeza de que, ao final, sairemos fortalecidos.

Considero isso um chamado a todos os líderes: em meio às adversidades, não apenas sobrevivam, mas prosperem. Transformem cada desafio em uma oportunidade para crescimento e sucesso.

Crises são inevitáveis, mas é na resiliência que descobrimos, não somente a nossa verdadeira força, mas a força daqueles que estão em nossos times.

Michael Santos

PATH HOLANDA

Vivência de quase 20 anos em educação corporativa com foco na mobilização estratégica de recursos, comportamentos e atitudes.

Fundadora da Path Learning com experiência e visão de ponta a ponta para a entrega assertiva de programas e soluções educacionais, produtos e serviços de pessoas.

Repertório de atendimentos e gestão de projetos em educação corporativa a empresas de segmentos diversificados como: O Boticário, Bancoob, Camil, Claro, CPFL, Diageo, Energisa, Sistema OCB, SulAmérica, Tim, Transpetro, Vivo, entre outras.

Investimento constante em aprimoramento, com formações, certificações, pós-graduações e vivências em áreas como análise comportamental, desenvolvimento organizacional, *coaching*, RH estratégico, gestão estratégica de negócios e psicologia organizacional.

Será um prazer ter a sua conexão. Veja alguns canais:

pathlearning.oficial

Patricia Holanda

contato@pathlearning.com.br

www.pathlearning.com.br

LIDERANÇA E PERFORMANCE

28 A IMPORTÂNCIA DA SEGURANÇA PSICOLÓGICA PARA CONSTRUIR TIMES MAIS EFICAZES E MELHORAR A PERFORMANCE ORGANIZACIONAL – PARTE 2

Por Path Holanda

Sempre fui apaixonada pela educação, a qual fez grande diferença na minha vida, tendo me impactado positivamente. Realizei sonhos e conquistei uma história da qual muito me orgulho. Hoje, sou casada, tenho uma filha de 19 anos e certamente ampliei meu leque de inspirações para evoluir, por meio da educação.

Atuei nos subsistemas de RH e me aprofundei em treinamento e desenvolvimento humano e organizacional. No primeiro momento, quando tive contato com o tema segurança psicológica, resgatei experiências pessoais e profissionais.

Em minha vida pessoal, conectei-me ao tema pelo fato da minha irmã mais velha ter atraso mental devido a uma negligência médica. Como minha irmã é um ser humano "excepcional", em todos os seus significados, entendi, desde criança, alguns motivadores sobre saúde mental e comportamento humano. Naquele momento, eu estava compreendendo os efeitos emocionais e do entorno que uma situação como essa pode influenciar nossos valores e crenças.

Nas experiências profissionais, resgatei o que vivi em empresas, principalmente aquelas que passaram por fusões. O contexto exigia um olhar mais apurado do RH para promover a integração de culturas, serviços, ferramentas e pessoas.

O clima se tornava tenso à medida que crescia a insegurança em cada indivíduo, principalmente sobre a manutenção ou não de seu emprego. Tornava-se visível a desconfiança dos colaboradores ao fornecerem repasse do seu conhecimento e acesso aos sistemas. Para outros, não passar o conhecimento, poderia ser visto como resistência à mudança. Em ambos os casos, quanto maior a falta de comunicação e acolhimento, maior era o medo de serem desligados, ocasionando prejuízo às próprias pessoas pelo aumento de estresse e redução da colaboração entre elas, além de afetar a produtividade da empresa.

Por outro lado, a organização entendia que não era uma tarefa fácil engajar os profissionais nesse momento de incertezas, com vias a não afetar o faturamento das operações enquanto a integração acontecia. Ter feito essa correlação mostrou-me o quanto é necessário compreender o cenário vigente de cada organização, sem deixar de considerar as necessidades humanas e o poder da interação social para promover ganhos.

Promovi uma mudança de carreira para consultoria em educação corporativa e estou há oito anos gerenciando projetos em diversos seguimentos de negócios e culturas. Recentemente, direcionei um olhar mais apurado sobre gestão e liderança. Dois temas que, quando combinados, beneficiam o líder com o aumento da performance, da colaboração e engajamento dos seus times.

Para o sucesso de qualquer líder de uma organização, é necessário compreender e atuar no nível de segurança psicológica, não só na sua área, mas, na organização. O líder deve aplicar a sua gestão e liderança consciente da sua autoridade e responsabilidade, levando a empresa a um patamar mais produtivo, mais rentável e mais sustentável, favorecendo o crescimento das pessoas e do negócio. É possível correlacionar os benefícios da segurança psicológica com o retorno desejado para cada equipe e empresa, considerando indicadores de resultado e de desenvolvimento de competências novas e desejáveis.

A dúvida comum entre líderes: como conquistar a segurança psicológica que impacta na performance? A resposta está em olhar para a cultura, o contexto, o ambiente e as pessoas, individualmente e no coletivo.

Neste capítulo, compartilharei com você o *mindset* que considerei para apoiar líderes, times e negócios. Desde então, tenho afirmado a necessidade de desenvolver pessoas para focar nos resultados. O modelo mental proposto para a gestão de desenvolvimento de pessoas, cultura e negócio é o PECCC – Projetar com Propósito, Experienciar, Calibrar, Concretizar e Conectar – para prosperar, o qual descrevo a seguir.

Projetar com propósito

Como definição, gosto de citar o ato de conceber ou planejar algo, prever ou antecipar; eu adoro a definição de "lançar para frente", trazendo um movimento importante de atitude e que muitas vezes é engajado se você "só começar". Por sua vez, propósito pode ser definido como a busca por significado, a razão para a existência, o que pode ser relacionado com metas mais amplas, promover algum valor e conduzir para uma razão clara pela qual está sendo realizada.

Esse é o momento de observar o cenário, diagnosticar, identificar a situação atual e real e definir para onde caminhar, qual o local de chegada e qual resultado se deseja alcançar. Com essa clareza, você define quais ações serão realizadas para suprir o *gap* entre a situação atual (ponto A) e aonde se deseja chegar (ponto B) e se dispõe a gerenciá-las.

Avance com um objetivo concreto! A gestão aqui, traz a responsabilidade para viabilizar a chegada ao ponto B. É muito importante certificar-se de que a priorização do retorno (resultado) esteja em linha com os objetivos estratégicos e/ou com os objetivos de áreas/setores. Isso porque o levantamento situacional poderá apontar diversas necessidades, mas a priorização deve ser realizada com o que estiver mais latente e alinhada com as metas da organização.

Pode ser que a necessidade definida seja um problema ou mesmo um desafio, sendo que o líder precisará compreender a sua meta, definir um plano de ação e quais as métricas de avaliação o permitirão acompanhar e evidenciar que foi possível alcançar o resultado. Entenda que deve existir um resultado de desempenho e uma mensuração do processo de execução.

No projeto de segurança psicológica, a análise situacional é pilar estratégico, devendo ter como foco a cultura e as pessoas. As ferramentas de investigação podem mudar, a depender do problema ou desafio. Por isso, entre os *assessments*, destaco o consagrado Timothy Clark, autor de *Os 4 estágios da segurança psicológica*, a autora Amy Edmondson, assim como outras técnicas: entrevistas, *focus group* e pesquisas, para segmentar os pilares de atuação e as recomendações como princípios norteadores do projeto. Ao colher dados, é importante identificar padrões, conexões e tendências para uma análise das informações.

Experienciar

Certa vez, ouvi que o que diferencia um evento de uma experiência é a emoção vivenciada. Se você puder descrever um sentimento em relação ao que viveu, certamente participou de uma experiência e não de um evento. Para entender se teve uma experiência, pense em alguma situação casual que passou, se no seu relato você resgatar a emoção, entenderá como uma experiência.

Outro ponto forte do *mindset* desse modelo é a clareza de ações. Por isso, em qualquer projeto, sempre inclua a comunicação como parte da experiência. Considere o envolvimento e a coparticipação dos decisores da empresa e suas lideranças. Uma sensibilização como ação inicial da estratégia e o envolvimento de pessoas chave e, depois, de todo o time, é essencial para abordar elementos disfuncionais provocados, nesse caso, pela falta de segurança psicológica. Nessa etapa, também é preciso considerar indicadores do processo para acompanhar a execução das ações planejadas.

Calibrar

A monitoria é imprescindível para entender se o plano está funcionando. Receba todos os pontos que não estão indo tão bem e ajuste a rota! Se fechar os olhos, certamente o seu resultado não será satisfatório e o impacto menor que pode lhe acontecer é um retrabalho, o maior, será obter danos que o façam incluir mais ações e postergar prazos até o alcance dos seus resultados. Esse, inclusive, é um grande problema! É comum que as pessoas tenham medo de conversas corajosas e evitem possíveis desconfortos ou conflitos.

Conhece a gestão à vista? É uma excelente ferramenta que, através de dados, ajudará a tomar decisões. Lembre-se: as informações têm que estar diretamente ligadas à situação, problema ou desafio que você está gerenciando.

Concretizar

Se você seguiu o plano, com ou sem ajustes na rota, pode constatar os resultados, ou seja, é o momento de concretizar o retorno. Fazer com que se torne concreto o objetivo que você acabou de alcançar. Como você já havia definido as metas e indicadores em "Projetar com propósito", nesse momento, você terá a visão do avanço atingido.

Conectar para prosperar

Nesta etapa, você já terá desenvolvido a visão estratégica e, agora, vou mostrar como a visão sistêmica não pode ser desconsiderada. A melhor forma de explicar um sistema é fazendo a analogia com o corpo humano. Veja que cada órgão possui a sua especialidade, não é possível que o coração assuma a função do pulmão e assim por diante.

Todos devem estar em pleno funcionamento para que o corpo humano seja saudável e sustentável. Na organização, também consideramos todos os departamentos imprescindíveis, cada um possui sua especialidade e é isso que faz com que o sistema organizacional funcione, certo? Se o coração achar que é mais importante e não considerar alimentar o sistema, ou seja, se não tiver a visão do sistema, tudo morre! Essa analogia é para refletir sobre as parcerias, as conexões, as colaborações tão necessárias. Respeitar o que cada um tem de especialidade e conscientizar do seu impacto no outro e na organização. Compreender a interconexão como um elemento valioso para prosperar.

Então, que tal aplicar o PECCC para uma gestão mais estratégica?

Lembre-se de se aprofundar em segurança psicológica lendo o capítulo 4, da Ana Laura. Inclusive, nossa parceria nasceu colocando em prática algumas sugestões que fiz aqui, como colaboração, comunicação e visão sistêmica. Conheci a Ana quando atuei na direção de carreira de um Instituto. Logo, percebemos que poderíamos complementar uma à outra sobre educação e segurança psicológica. Juntas, levamos mais valor para as pessoas e empresas.

Me dedico aos caminhos estratégicos como uma melhor forma de se chegar lá! Deixo uma reflexão:

"Aprenda a reconhecer as potencialidades individuais, de si próprio e das pessoas ao redor, para sintonizar a força e o propósito de cada ser humano com a sustentabilidade das organizações."

Desenvolver pessoas para focar em resultados.

Path Holanda

PATRÍCIA SAKAVICIUS

Sou Patrícia Sakavicius, nasci em São Paulo/SP, onde moro com meu esposo, nossa filha adolescente e duas cachorrinhas.

Em 2024, completo 20 anos atuando em T&D. Sou mentora, treinadora, especialista em habilidades comportamentais de liderança e letramento em DE&I.

Fundei a Elenco Soluções onde desenvolvo lideranças femininas através de mentorias individuais e treinamentos corporativos. Também sou head de treinamentos na B4People, consultoria especializada em estratégias de equidade, inclusão e gestão das diversidades nas organizações.

Já atuei como atriz profissional e tanto nas artes como no corporativo, tive experiências liderando e desenvolvendo pessoas diversas. Essas são minhas paixões profissionais.

patriciasakavicius

Patricia Sakavicius

(11) 98693-7101

29 RIO DE SONHOS: RESPONSABILIDADE SOCIAL CORPORATIVA

Por Patrícia Sakavicius

Foi num dia qualquer nas primeiras décadas do século passado que Maria e Francisco deixaram a cidade de Juazeiro, na Bahia, e embarcaram numa viagem pelo rio São Francisco com seu pequeno rebento nos braços. A família buscava escrever uma nova história além das curvas do rio e intentava deixar para trás os dias de escassez. Não sabia que ali era o (re)início de uma trajetória que seria escrita sobre corredeiras traiçoeiras. Ainda durante a viagem, aquela pequenina promessa de futuro com tão pouco tempo de existência, deixa a vida envolta nos braços de sua mãe. Você pode imaginar o que deve ser o ato de carregar um filho sem vida nos braços, sem poder chorar sua partida para evitar que seu minúsculo corpinho fosse retirado de seus braços e entregue eternamente às águas do Velho Chico.

Esta história poderia ser o início de uma obra cinematográfica brasileira, de uma novela de época ou até mesmo de uma narrativa do Brasil profundo que Itamar Vieira Júnior nos apresenta com tanta delicadeza. Mas essa é uma história real. Maria e Francisco, meus avós maternos, migraram do interior da Bahia para o Sudeste, tendo vivido em Minas Gerais e posteriormente no interior de São Paulo, onde criaram seus filhos. Maria, vem de uma família multirracial que não deixou vestígios documentados de sua existência. Francisco, descendente direto de ex-escravizados nunca mencionou o nome de seus pais, avós ou quem quer que tenha feito parte de sua ancestralidade. Não há relatos, histórias nem qualquer indício de lugar de origem. O silêncio denuncia as dores. Minha árvore genealógica materna inicia, portanto, com meus avós.

Em contrapartida, minha família paterna nos deixou uma árvore genealógica robusta: avós, bisavós, tataravós... nomes, sobrenomes documentos, histórias, cidades, estados e pelo menos dois países: Lituânia e Portugal.

É nesse contraste que minha identidade pessoal e profissional se constituiu, e é muito provável que boa parte dos 56% da população brasileira autodeclarada negra, também se identifica com a lacuna deixada pelo apagamento documental e epistêmico dos povos que construíram essa nação. E sabem o que isso provocou e ainda provoca em nossa subjetividade.

O apagamento não foi a única violação de direitos promovida naqueles tempos. A exclusão sistêmica criou barreiras intencionais de acesso ao trabalho remunerado, à educação e à moradia digna. Essas prerrogativas foram direcionadas aos imigrantes europeus trazidos à terra dourada para cumprir a tão sonhada Redenção de Can. Algumas leis almejavam a "higienização" da população com a eliminação dos indesejados, porém sobreviveram, resistiram, se uniram e lutaram com todas as suas forças, assim como Maria (que cozinhava para os trabalhadores da região para que tivesse alguma renda) e Francisco (que trabalhava na roça com os filhos mais velhos em regime de exploração). As "Marias" e os "Franciscos" que resistiram a esse cenário, não passaram imunes pela exclusão institucionalizada. Tornaram-se coadjuvantes do abismo social cada vez mais evidente em nossos dias.

Os números que retratam hoje essa realidade deveriam servir como alerta: 10% dos brasileiros mais ricos ganham quase 59% de toda a renda produzida no país de acordo com a World Inequality Lab. Já o IBGE e posteriormente a Fundação Getúlio Vargas, nos mostram que mulheres negras recebem o equivalente a 48% do salário recebido por homens brancos na mesma função e com a mesma escolaridade. O decreto 11.795/2023 regulamenta a igualdade salarial entre homens e mulheres, pessoas brancas e negras. Então, agora o foco estará na quebra das barreiras organizacionais invisíveis que impedem determinados grupos de pessoas de alcançarem cargos de poder e influência.

Ora, se 28% da população brasileira é composta por mulheres negras (pretas e pardas), não precisamos aprofundar muito a análise para chegar à conclusão que a baixa remuneração deste grupo deixa de fazer circular um valor incalculável para a nossa economia.

É imperativo, portanto, que líderes de negócio protagonizem a aceleração econômica a partir da **responsabilidade social corporativa** (RSC). O lucro das organizações precisa estar conectado ao impacto de suas decisões para toda a sociedade e, claro, elas precisam dar protagonismo a líderes de área e de equipes para que conduzam projetos relevantes para a sociedade, a curto, médio e longo prazo.

Gerar empregos para grupos estruturalmente excluídos, oferecer salários dignos, construir uma cultura inclusiva e impulsionar a equidade de gênero e raça em posições de liderança, são ações intencionais que, ao entrar na agenda do negócio, permitem que esta se posicione no mercado como alinhada às expectativas dos investidores que avaliam essas premissas e índices para tomarem decisão de investimento. É isso que afirma a Global Reporting and Institutional Investor Survey.

A grande questão é que ainda é um desafio para muitas organizações instituírem uma cultura verdadeiramente inclusiva. E para vencer esses desafios, consultorias especializadas em estratégias de equidade e inclusão elaboram planos customizados e conduzem projetos que agregam valor ao negócio. E para que eles de fato gerem resultado de impacto para a sociedade, alguns passos são necessários:

1. **Conscientização e preparação dos C-levels.** Se estamos falando em cultura inclusiva e direcionamento consciente dos negócios, a agenda de Diversidade, Equidade e Inclusão (DE&I) precisa fazer parte do *core business,* dos valores que regem os relacionamentos com *stakeholders* e da tomada de decisão estratégica. O compromisso genuíno com o rompimento das barreiras organizacionais que alguns grupos sociais enfrentam, permite estabelecer novas diretrizes de *compliance,* regimento interno e demais normativas organizacionais. Como consequência, irá influenciar a tomada de decisão e o comportamento das pessoas pertencentes àquela organização. Sensibilizações e mentorias são indicadas para esse grupo de altos executivos.

2. **Conscientização de toda a cadeia de lideranças**. Diretores, gerentes, supervisores e coordenadores são multiplicadores da cultura

organizacional. Suas atribuições estão conectadas com decisões de diferentes níveis. Essas decisões precisam gerar valor e, ao mesmo tempo, romper com o ciclo que promove a manutenção da desigualdade. Para que realizem ações mais inclusivas e promovam relacionamentos que atendam às necessidades de pertencimento e contribuição, se faz necessário um preparo consistente para que possam lidar com a pluralidade de pessoas. A educação corporativa torna-se um importante meio transformacional, já que em parceria às consultorias especializadas, elabora ou contrata treinamentos focados em letramento em DE&I para os diversos níveis de liderança. Discutir realidades, aprender a analisar cenários e avaliar impactos das mudanças em processos, são benefícios que bons treinamentos podem oferecer a esse grupo tão importante de profissionais.

3. Contratação, *empowerment* e aceleração de profissionais. As chamadas ações afirmativas são programas organizacionais intencionais que têm como objetivo reduzir as desigualdades ampliando o quantitativo de profissionais pertencentes a grupos minorizados em determinada posição. Processos seletivos direcionados a grupos minorizados ainda geram polêmica e algum incômodo, e, neste caso, precisamos voltar ao passo 2. Ações afirmativas são esperadas e bem-vindas em culturas inclusivas desde que o Estatuto da Igualdade Racial passou a garantir equidade nas oportunidades e a respaldar as organizações em ações de discriminação positiva.

4. Gestão das diversidades dos *stakeholders* internos e externos. Ao implementar políticas de Responsabilidade Social Corporativa, todos os processos passam a responder às premissas e valores estabelecidos, todos os pontos de contato se tornam oportunidades potenciais de multiplicação desta perspectiva. As práticas éticas, equitativas e sustentáveis passam a conduzir os relacionamentos organizacionais e os envolvidos verdadeiramente engajados, tornam-se parceiros em potencial de novos projetos. Aqui também podemos mencionar a responsabilidade e a ética na cadeia de suprimentos, garantindo o compromisso de fornecedores na adoção de padrões e processos socialmente responsáveis.

5. Garantir um discurso coeso e congruente com a ética e com os objetivos de negócio. DE&I não é filantropia, e sim um direcionamento que visa atender aos princípios da ética e da justiça organizacional e social. Então todas as pessoas envolvidas precisam estar em conexão com o cumprimento das premissas de uma cultura inclusiva. E aqui peço licença para compartilhar um sonho particular: que todas as pessoas sejam letradas e educadas em DE&I. Eu sei, é um sonho ambicioso.

É chegada a hora então de seguir navegando nesse rio de sonhos: que grandes, médias e pequenas empresas sejam constituídas por pessoas verdadeiramente comprometidas com a responsabilidade social corporativa e que possamos muito em breve, nos orgulhar das conquistas e das transformações sociais que o meio corporativo poderá promover. E, sim, eu acredito que seja possível. Desde que haja intencionalidade.

O papel de líderes nesse processo? Não fazer nada é escolher manter as coisas como estão, ou seja, é escolher promover a manutenção das desigualdades sociais, raciais e de gênero. Líderes transformam. Líderes influenciam. Eu confio que, ao finalizar a leitura dessas linhas, você saberá que, ao escolher agir a favor de "Marias", "Franciscos" e seus descendentes, você líder, estará transformando a sociedade. Líderes verdadeiros orientam-se pela humanidade, tecendo cuidados e resultados para organizações e para a sociedade. Então, traga para seu negócio ou para sua equipe os filhos e filhas, os netos e netas das inúmeras "Marias", e dos muitos "Franciscos" desse país. Treine-os. Desenvolva-os. Ofereça oportunidades. Sejamos bons ancestrais para que possamos celebrar uma sociedade mais justa e equânime para todas as pessoas.

É imperativo que líderes de negócio protagonizem a aceleração econômica a partir da responsabilidade social corporativa.

Patrícia Sakavicius

PRISSILA SOUTO

Sou Prissila Souto, mãe do Arthur e da Victoria, casada com o Pablo. Sou administradora por formação, consultora por vocação e apaixonada pelo desenvolvimento de líderes. Mestre em gestão empresarial e especialista nas áreas de qualidade, gestão e liderança. Atuo há 20 anos no ramo de consultoria em gestão empresarial. Fundei a Stairs-Qualidade em Gestão, que possui um vasto portfólio de clientes de diferentes ramos, portes e cidades do Brasil.

Me dedico ao desenvolvimento humano, principalmente na formação de líderes e potenciais líderes. Hoje, são mais de dois mil alunos formados, e o melhor resultado é saber que os cursos ultrapassam o "ser profissional" e contribuem na formação do "ser integral".

prissilasouto

Prissila Souto

prissila@qualidadeemgestao.com.br

prissila@qualidadeemgestao.com.br

30 DELEGAÇÃO: A CHAVE PARA SAIR DO CICLO VICIOSO DA LIDERANÇA

Por Prissila Souto

Você já pensou nos desafios de um líder? Performar na liderança é vencer desafios diários, ser resiliente para começar de novo ou tentar outra vez. Ter habilidade de gerir pessoas e estar em constante aperfeiçoamento. Gerar resultados esperados por você e por sua empresa. Esse tema me instiga desde 2010, quando decidi trabalhar com desenvolvimento de líderes. Já atuava como consultora, mas percebi que sem estrutura forte de liderança, havia morosidade na aplicação das estratégias e os resultados eram abaixo do esperado.

Comecei como consultora empresarial muito cedo, aos 23 anos, o que não é nada comum nesse mercado. Aproveitei todas as oportunidades, visto que a consultoria não foi uma carreira planejada, mas adveio de um conhecimento específico sobre implementação de Programa de Gestão da Qualidade. Assim, fundei minha empresa e há mais de 20 anos passo meus dias em diferentes tipos de organizações, atuando lado a lado com líderes de todos os estilos e modelos de atuação.

Constato diferentes dificuldades quanto às lideranças, mas uma se sobressai: **a falta de delegação.** Delegação é o processo de distribuir e confiar trabalho a outra pessoa. Muitos líderes acreditam exercer a delegação, mas na prática, vemos a maioria com objeções. Alguns porque são centralizadores, outros são apegados a tarefas e outros não têm a quem delegar. Quando o líder não pratica a delegação está criando um ciclo vicioso, pois não conseguirá sair da operação do dia a dia, tornando-se muito operacional e pouco estratégico. As consequências são danosas para os líderes e para as empresas. Os líderes ficam imersos em tarefas rotineiras e a empresa tem perdas de performance e competitividade.

Essa problemática acompanha líderes em diferentes níveis hierárquicos e perfis de organização. Líderes ocupados com atividades que deveriam ser realizadas por seus liderados estão nesse ciclo, o que os deixa cansados, desmotivados e performando abaixo do seu potencial.

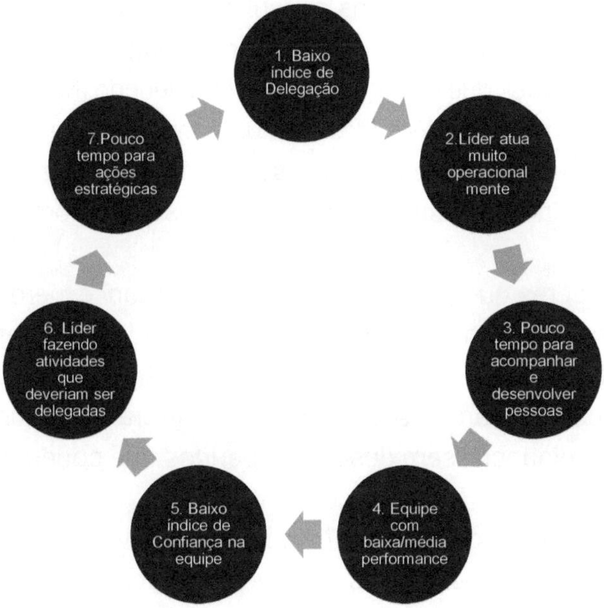

O ciclo vicioso apresentado na figura é uma relação de causa–consequência, que inicia quando o líder não delega. Isso compromete boa parte de seu tempo, sobrando pouco tempo para fazer a gestão da equipe e do negócio, que pode ser a empresa como um todo ou setor de sua responsabilidade.

O efeito na equipe é refletido no desempenho. Como o líder não consegue ter um acompanhamento mais efetivo, o liderado opera em seu ritmo, executando práticas cotidianas com pouco incremento de melhorias ficando na zona de conforto, mesmo com potencial para entregar melhores resultados. Poucos profissionais são proativos para iniciarem ações vinculadas a ganhos organizacionais, a maioria depende do líder no direcionamento e supervisão.

Há efeitos relacionados à confiança. Segundo Stephen Covey, a confiança é resultante da intersecção de caráter e competência, quando aplicados organizacionalmente, são elementos do técnico/comportamental dos profissionais. Dificilmente um líder poderá confiar em um liderado com quem pouco interage. Se há pouco tempo para ouvir, treinar, acompanhar e avaliar, como poderá confiar?

A baixa confiança na equipe acarreta pouca delegação, ocasionando um líder sobrecarregado, com pouco ou quase nada de tempo para atividades importantes vinculadas a resultados. Essas, deveriam ocupar os primeiros lugares na agenda do líder, não deveriam ser negligenciadas em prol de atividades que o líder já deveria ter delegado. Não delegando, o líder continua atolado de atividades sem grandes evoluções na conquista de novos patamares de resultados. Isso ocasiona estresse e afeta seu emocional, deixando-o frustrado, cansado e pensativo sobre continuar ou não a jornada.

Muitos líderes que estavam em alta performance, perderam o brilho por estafa. Não conseguiram mais abraçar tudo, dar conta de tudo. Ficaram fartos e desmotivados com a rotina infindável de atividades. Outros, se acomodaram nessa rotina e encontraram nela um lugar de conforto e dominância, sem desafios e perigos que podem levar à instabilidade do cargo.

Como sair desse ciclo vicioso? A virada de chave é a delegação! Por isso, desenvolvi 4 passos práticos e efetivos para aplicá-la. Os passos são resultados de estudos e foram validados por líderes que participaram de meus treinamentos, mentorias e consultorias. São eles:

1. **Humildade e clareza de objetivos**

A humildade é essencial para os líderes, especialmente quando se trata de delegação. Reconhecer as próprias limitações é crucial, sugerindo pausas para reflexão e a capacidade de mudar. A crença na delegação exige o reconhecimento da necessidade dos outros para alcançar resultados desejados. **Sem equipe vencedora não há líder vencedor!** Líderes humildes entendem a importância de formar outros líderes, tornando a delegação parte essencial desse processo. Aliada à humildade, somamos a clareza de objetivos. Quando o líder compreende os objetivos e resultados esperados de sua função, percebe que a delegação é uma estratégia para atingir esses alvos. A falta de clareza leva o líder a se perder em atividades operacionais, resultando em uma leitura equivocada da situação, pois, em alguns casos, o líder entende que "veste a camisa da empresa", afinal, ele não tem tempo para nada, está sempre ocupado e correndo. A pergunta que fica é: está ocupado com o quê? Com atividades importantes e esperadas da função ou com atividades que sempre fez e não ensina ninguém a fazer. A falta de humildade e clareza de objetivos, deixa o líder míope.

2. Assertividade na seleção de atividades

A seleção assertiva de atividades é vital, pois nem todas podem ser delegadas. Algumas são exclusivas do líder. Para ter sucesso nessa escolha, é necessário:

1. fazer uma lista das atividades realizadas diariamente, semanalmente e mensalmente;
2. avaliar cuidadosamente e com criticidade quais podem ser delegadas:
    2.1. é importante ressaltar que se pode delegar integral ou parcialmente uma atividade. Em alguns casos, se delega uma parte ou fase da atividade;
    2.2. não pense se há liderados aptos. Nesse ponto, o objetivo é avaliar as atividades executadas pelo líder que podem, integral ou parcialmente serem delegadas;
    2.3. livre-se do apego. Às vezes, a falta de delegação ocorre porque o líder gosta de executar certas atividades por algum motivo, caindo na armadilha da autossabotagem;
3. enumerar as atividades por relevância, considerando as que tomam mais tempo ou que são simples de serem executadas ou até mesmo aquelas que são feitas com excelência por outra pessoa quando se está de férias.

3. Avaliação CC (competência e comprometimento)

A avaliação CC envolve analisar liderados quanto à competência (conhecimentos, habilidades e atitudes) e comprometimento. É crucial identificar quem possui a competência necessária para as atividades a serem delegadas. O comprometimento, sendo um comportamento, requer atenção especial. Alguns liderados podem ter uma atitude positiva, mas ainda carecer de conhecimento e habilidade. Nesses casos, focar em treinamentos teóricos e práticos é essencial. Outros podem ter conhecimento e habilidade, mas uma atitude inadequada para assumir novas responsabilidades. Nessa situação, *feedback* e diálogos construtivos são ferramentas valiosas somando à capacitações específicas. Liderados sem competência e comprometimento não são aptos à delegação, sendo vital realizar um diagnóstico para entender se são novatos na função ou requerem uma avaliação mais aprofundada.

4. Acompanhamento e *feedback*

A delegação eficaz demanda um acompanhamento cuidadoso, pois o líder está delegando a execução da atividade, não o resultado final. O líder é responsável pela atividade e pela equipe somando esforços para alcançar os resultados esperados. Assim, o acompanhamento é fundamental para garantir que o escopo esteja conforme o combinado, mantendo a qualidade e o prazo.

A comunicação transparente e clara é essencial, incluindo detalhes sobre o que deve ser feito, os recursos necessários (pessoas, materiais, sistemas) e prazos de entrega. A atenção aos detalhes durante o repasse de atividades é crucial. Após o repasse, é necessário acordar sobre como será o acompanhamento. Analisar a complexidade da atividade e criar pontos de checagem durante as etapas de execução são práticas importantes. Seja proativo, verifique os pontos antes de fases difíceis que podem gerar erros ou maior custo.

Durante o acompanhamento, fornecer *feedback* constante sobre o desempenho do liderado é crucial. Em casos de discordância, é preferível fazer ajustes e acordos necessários, evitando retomar a atividade para si. O líder deve procurar ensinar novamente e realinhar o processo. Quando tudo está dentro dos conformes, aproveite para elogiar e esclarecer eventuais dúvidas.

Os 4 passos são um guia para praticar a delegação bem-sucedida. Acompanho diversos líderes que são gratos por estarem lúcidos em relação a essa prática. Iniciaram observando sua rotina, repassaram algumas atividades, liberando mais tempo e se aproximaram dos liderados, investiram em capacitação, aplicaram o acompanhamento e *feedback* e colheram bons resultados. Assim, o ciclo vicioso vai se rompendo e um ciclo virtuoso vai se formando. Não há mágica, há esforço, dedicação e constância para que a mudança ocorra. E você será não só um líder melhor, será uma pessoa melhor para sua família e sociedade e terá o legado de ter servido de mola propulsora para novos líderes! **Saia do ciclo vicioso, comece hoje os 4 passos.**

Líder, seja o arquiteto da sua jornada, moldando um futuro bem-sucedido e inspirando novos líderes a cada passo.

Prissila Souto

RICARDO LIMA

Engenheiro mecânico (UERJ), pós-graduado em Gestão Empresarial (FGV) e Gestão Pública (PUC) e apaixonado por pessoas.

Durante 10 anos, teve a honra de liderar pessoas em variados ambientes no sistema Petrobras. Com equipes entre 50 e 300 subordinados diretos, precisou cometer erros e vencer muitos desafios até alcançar o sucesso pleno como líder.

Em 2020, foi em busca do sonho de empreender e fundou a LNP – Lidere na Prática – cujo propósito é acreditar no potencial extraordinário de todo ser humano. Nessa direção, diversas iniciativas junto a empresas, líderes e ONGs estão sendo realizadas visando maximizar seus resultados através do engajamento pleno das equipes envolvidas. Desde então, já são dezenas de lideranças treinadas e centenas de pessoas impactadas.

liderenapratica

linkedin.com/in/ricardodeoliveiralima

(82) 99113-5294

LIDERANÇA E PERFORMANCE

31 COMO LIDERAR E ENGAJAR PESSOAS NA PRÁTICA

Por Ricardo Lima

O ano era 2011, e eu mal havia completado 2 anos de empresa quando meu superior me convidou a assumir minha primeira função gerencial na Petrobras Distribuidora. Até então, nunca tinha liderado nada na minha vida. De repente, e com menos de 30 anos de idade, tinha que liderar dezenas de profissionais com 20 anos a mais de experiência do que eu, em uma área industrial responsável por toda a produção de óleos lubrificantes comercializada no Brasil. Definitivamente era um desafio!

Como conseguir obter o respeito de um grupo tão diverso e com tanta experiência profissional? Como liderar em um ambiente estatal com uma alta estabilidade de emprego para tirar o máximo potencial de cada pessoa e gerar valor para a organização?

Mais do que me desenvolver e consolidar como líder, essa liderança envolvia um forte componente emocional. Eu conhecia muitos daqueles subordinados e sabia que grande parte deles possuía problemas sociais relevantes que extrapolavam os muros da empresa, chegando até os seus lares. Entendi que tinha essa missão de fazer esses funcionários não apenas se engajarem nas suas atividades rotineiras, mas também utilizar isso como fator de aumento de autoestima, impactando os relacionamentos com seus cônjuges e filhos. O trabalho precisava dar certo!

Porém, o começo foi altamente desanimador. Em função da minha inexperiência e insegurança, comecei a buscar cursos presenciais e consultorias e aplicar os ensinamentos na minha realidade, entretanto, tudo dava errado. Percebi que estava lidando com muitos "gurus" cheios de retórica, mas, ao mesmo tempo, sem nenhuma vivência real. Precisava fazer algo para virar o jogo.

Tudo melhorou quando comecei a montar um trabalho autoral e alinhado às características dos meus liderados. De Blanchard a John Maxwell, passando por Kim Scott, Mandelli, Sinek e diversos outros autores renomados, apliquei dezenas de ferramentas junto aos meus liderados, testando e errando muito, até chegar a um método de liderança e engajamento ideal, que resultou em incrementos médios de 25% de performance de 20 a 50% no índice de ambiência organizacional, após 12 meses do início dos trabalhos.

E é exatamente esse modelo que quero compartilhar com você. Contudo, antes disso precisamos entender de uma vez por todas o que significa o termo engajamento.

Imagine 2 perfis de Instagram com 10 mil seguidores. O perfil A possui 300 curtidas em cada postagem, enquanto o perfil B possui 40 curtidas. Qual dos perfis possui o maior engajamento? Obviamente o perfil A, você responderia.

Será que o perfil A teve a sorte de contar com seguidores mais proativos e engajados geneticamente? Ou através de uma análise simples dos perfis, chegaremos à conclusão de que o perfil A pratica uma série de ações frequentes para aumentar esse engajamento, como: gerar conteúdo a partir das opiniões dos seguidores, responder todos os comentários, gerar conexão, entre outras? Substitua todas essas ações por uma única palavra: pertencimento.

Somente existirá engajamento quando antes existir pertencimento. Isso serve para qualquer ambiente relacional: trabalho, casa, amigos e familiares. As práticas adotadas pelo influenciador do perfil A criam um ambiente de pertencimento que resulta no engajamento dos seguidores. É algo intuitivo e automático por parte dos seguidores que, quando percebem, já estão engajados com aquele perfil.

O mesmo raciocínio serve para o ambiente profissional. O líder através de suas ações precisa ser responsável por criar um ambiente de pertencimento que irá gerar um engajamento automático dos seus colaboradores.

Mas o que e como você precisa fazer na prática para engajar seu time de forma profunda? É isso que quero lhe mostrar a partir de agora. O trabalho está dividido em 3 etapas totalmente encadeadas, tendo sido tudo minuciosamente testado, ajustado e validado junto a centenas de funcionários durante 10 anos de atuação como líder e, com certeza, terá aplicação na sua realidade.

Etapa 1 – Gostar de pessoas

De forma imediata é imprescindível deixar claro que gostar de pessoas não é sinônimo de passar a mão na cabeça dos seus liderados. Envolve, sim, gastar tempo com pessoas. Trata- se de algo extremamente simples, porém muito trabalhoso e que 99% dos líderes não fazem. Vamos dividir essa etapa em 2 fases:

A Fase 1 envolve conhecer cada um dos seus liderados com profundidade, não se resumindo a saber apenas o seu nome, quantos filhos tem e onde mora. É necessário um conhecimento mais amplo, que deve ser construído por meio de uma reunião individual com cada subordinado, contemplando uma série de perguntas que representarão o marco zero do trabalho. Já realizei reuniões desse tipo centenas de vezes e sempre foram muito surpreendentes. No QR Code ao final do capítulo, disponibilizo essa ferramenta que você poderá usar como base. Registre tudo o que você julgar relevante durante as respostas dos empregados, pois será muito útil à frente.

Já a Fase 2 entendo ser a mais importante. Um liderado somente entrega a melhor versão de si próprio quanto tem a convicção que seu líder se importa genuinamente com ele. A Fase 1 começou a despertar esse sentimento nele, porém é necessária uma ação mais consistente de sua parte. Desenvolvi uma ferramenta que chamei de "Escovando os Dentes" e possui essa finalidade, também sendo disponibilizada para você no mesmo QR Code. A simplicidade da ferramenta é assustadora, porém é diretamente proporcional ao impacto que ela fomentará na equipe.

Etapa 2 – Visão

Dentre as milhares de definições existentes do termo Liderança, a que entendo ser a mais adequada é a de Henry Kissinger: "Liderar é a capacidade de levar pessoas aonde elas não iriam sozinhas". Você precisará levar cada liderado de um ponto A atual até um ponto B futuro, onde esse ponto B obrigatoriamente precisa ser interessante tanto para os liderados quanto para a organização.

Uma visão de futuro bem construída dará luz a esse ponto B e permitirá que sua equipe continue a caminhar motivada, mesmo que tudo aparentemente esteja dando errado no presente. Não confunda essa visão de engajamento de sua equipe com aquela visão construída no planejamento estratégico e que infelizmente acaba sendo muito utilizada apenas para decorar algumas paredes da empresa.

E aqui vai a informação crucial: a visão precisa ser construída com a participação de todos da equipe. Como fazer isso? Se você realizar a etapa 1 conforme sugerido, registrando todos os pontos relevantes, você terá os subsídios necessários para construção dessa visão.

No QR Code ao final do capítulo, junto com o modelo de construção da visão de futuro, também disponibilizo exemplos didáticos de visões construídas em algumas equipes que liderei ou acompanhei.

Com a visão sendo construída e ativada na rotina da empresa, caberá a você enquanto líder, apenas desdobrá-la em metas individuais relacionadas às atividades desempenhadas por cada integrante da equipe.

Etapa 3 – Influência

Na última etapa você precisa garantir que os liderados alcancem esse ponto B construído. Você deve influenciar para que todos permaneçam no trajeto, ajustando as rotas que se desviaram durante a jornada. Trata-se do cotidiano de uma organização e suas relações interpessoais.

Não há dúvidas que a ferramenta de influência mais poderosa que existe e que gera mais resultados para o engajamento é o *feedback*. Os próprios liderados clamam por isso, mesmo que inconscientemente, conforme demonstra a pesquisa realizada pela Revista Exame – Melhores empresas para trabalhar (2019). Nela, o tema Aprovação e Direcionamento dos líderes é citado pelos funcionários entrevistados como principal ponto de motivação deles.

Perceba que a Aprovação envolve diretamente o *feedback* positivo, tão ou até mais importante que o corretivo, porém totalmente negligenciado pelos líderes. Já o Direcionamento engloba o *feedback* corretivo, que apesar de ser bem mais conhecido por todos, acaba sendo ainda utilizado de forma muito equivocada.

Existe um método testado e validado de como e quando esses *feedbacks* devem ser realizados para alcançar a máxima eficiência.

No mesmo QR Code citado anteriormente, disponibilizo uma estrutura adequada e detalhada para os dois processos (positivo e corretivo). Sugiro que você siga esse método, pois os resultados que você terá junto a sua equipe serão gigantescos.

Liderar na realidade é um misto de responsabilidade e benção. Mais do que alcançar resultados, é muito gratificante poder contribuir na transformação de vida das pessoas.

De vez quando eu olho para trás e percebo o quanto todo o esforço valeu à pena. Quem diria que um jovem tímido e apavorado de falar em público poderia liderar centenas de pessoas com sucesso, tornando-se um empresário, consultor e palestrante.

Esqueça todos esses dogmas de mercado sobre 10, 20 ou 30 habilidades essenciais de um líder. Eu sou a prova viva de que qualquer um pode liderar. Para isso, você precisa de uma única competência obrigatória: **querer**. Querer não apenas ser um líder, mas, sim, transformar a vida dos seus liderados! Se essa intenção for genuína, irão aflorar competências inimagináveis em você até então.

Se você já está nessa caminhada da liderança ou almeja entrar nela, tenho um presente para você. Baixe todos os materiais presentes no QR Code ao lado. Coloque tudo em prática e, em pouco tempo, você e a sua equipe irão colher os frutos do **engajamento** verdadeiro. E valerá muito a pena!

Funcionários engajados não irão bater na sua porta com o CV nas mãos. Eles serão fruto do ambiente construído por você, líder!

Ricardo Lima

ROSANA DE CARVALHO

Sou Rosana de Carvalho, resido em Manaus/AM, sou esposa do Marcivaldo. Estamos juntos há 25 anos e temos duas filhas lindas, a Maria Fernanda e a Sophia.

Sou treinadora comportamental, palestrante, mentora de líderes, escritora, master coach e especialista em desenvolvimento humano. Já são mais de 2 mil horas de atendimentos individuais e em grupo, guiando centenas de alunos e mentoreados à transformação pessoal e profissional. Uma história de muitos altos e baixos. Superei grandes desafios e provei que é possível mudar a própria vida através do autoconhecimento e de um desejo ardente de ajudar pessoas a se desenvolverem e evoluírem em todas as áreas de suas vidas.

rosanagalvaodecarvalho

Rosana de Carvalho

rosana.mastercoach@gmail.com

(92) 99296-2545

LIDERANÇA E PERFORMANCE

32 LIDERANDO EQUIPES DE ALTO DESEMPENHO

Por Rosana de Carvalho

Com o avanço da tecnologia na era em que vivemos, um dos maiores desafios das organizações é encontrar profissionais com a capacidade de liderança bem desenvolvida. Por isso, entender como liderar uma equipe pode ser um diferencial no mercado de trabalho.

O líder é aquele que guia o grupo, garantindo sua motivação e segurança para tomar decisões. Nesse sentindo, a liderança pode ser entendida como a habilidade de abrir caminhos, ser exemplo, motivar e incentivar o desenvolvimento e a autonomia.

Por esse motivo, ser líder é mais do que ocupar uma posição de gestão. É preciso saber se conectar com as pessoas, transmitir ideias e promover a inovação. Assim, será possível alcançar os melhores resultados.

Além disso, a liderança está associada ao desenvolvimento de diversas *soft skills* (habilidades comportamentais) e pode ser percebida em profissionais vivenciando diferentes momentos na carreira.

Dessa forma, colaboradores com espírito de liderança aguçado e boa visão sistêmica podem atingir resultados satisfatórios em equipe. Afinal, costumam ser facilitadores e sabem como promover o bom clima organizacional, se tornando talentos ainda mais valiosos para o negócio.

Uma empresa que almeja crescimento, precisa ter na administração uma equipe de gestão de pessoas e liderança. Este é um ponto fundamental e característica de uma empresa líder no mercado e até mesmo para aquelas que querem se tornar promissoras em seus negócios

Um gerenciamento de pessoas precisa ser objetivo e eficiente para que todos os planos da empresa saiam do papel. Porém, há a necessidade de pessoas altamente capacitadas para um cargo de tamanha responsabilidade como esse. Então, sendo assim, eu posso ser líder?

Sim, qualquer pessoa pode ser um líder. O grande desafio para ser um líder eficaz é ter coragem de olhar para dentro de si, ou seja, para que eu consiga ajudar pessoas a desenvolverem a alta performance, eu preciso antes de tudo olhar para dentro de mim e contemplar verdadeiramente meus pontos fortes e fracos, acertos e erros, entendendo realmente quem eu sou, mudando meus comportamentos e minhas atitudes, transformando a si mesmo.

O erro mais frequente em liderança é tentar mudar as pessoas sem antes mudar a si mesmo, cobrar e esperar que os liderados ajam de forma diferente, antes mesmo de existir qualquer mudança no próprio líder. A transformação da equipe é uma consequência direta da transformação do líder.

Se você é o tipo de líder que anda reclamando da sua equipe, que ela não faz nada correto, que está tudo errado, que sem você por perto nada funciona, existe um grande problema: VOCÊ!

A autorresponsabilidade é o primeiro fundamento que um líder precisa aprender a colocar em prática para alcançar resultados através de seus liderados e, assim, ajudá-los a desenvolver a alta performance, atingindo o sucesso profissional.

Quando falamos de alto desempenho, falamos de profissionais que estão comprometidos em desenvolver sua melhor performance, focados em metas e resultados assertivos, e parte dessa motivação vem de uma liderança eficaz que garante essa equipe motivada, engajada e de alta performance, tudo o que uma empresa precisa para aumentar a produtividade.

Inspirar a equipe é fundamental para um líder, aproveitar os momentos de forma individual com cada um dos seus liderados para orientá-los é um diferencial na construção do alto desempenho profissional, aproveitando o momento para motivá-los a ser o exemplo que eles querem seguir.

É papel de grandes líderes saber influenciar seus liderados quando eles se dispõem a correr riscos e sacrifícios necessários para atingir todos os maiores objetivos, seja treinando ou e capacitando sua equipe, a fim de que ela alcance a excelência e os resultados fluam de forma assertiva.

"Para gerar confiança, uma líder precisa exibir competência, conexão e caráter." (John Maxwell)

Vivemos em um mundo de grandes mudanças, o tempo passa cada vez mais rápido, e com isso novas gerações vão surgindo com força e diferenciação. Acredito que todo líder precisa entender e usar de forma estratégica as particularidades de cada geração para os objetivos definidos na sua gestão. Afinal, os líderes têm como ativo principal, as pessoas (seus liderados).

E o questionamento que faço aqui é: que tipo de líder você é atualmente e que tipo de líder você quer se tornar? Como você deseja ser lembrado por seus liderados? Qual a diferença você quer fazer na vida das pessoas que cruzam o seu caminho?

Você como líder deve utilizar estilos diferentes de liderança para desenvolver a maturidade de seus liderados.

Quais são esses estilos de liderança?

Autocrático: a liderança autocrática é uma das várias posturas que um líder pode assumir. Nesse estilo, ele centraliza todas as decisões, não deixando que outros membros da equipe exerçam influência na ação. Contudo, é importante esclarecer que é possível praticar esse tipo de liderança e, ao mesmo tempo, não causar uma sensação tão negativa. Para isso, comportamentos como o reconhecimento do sucesso, o cumprimento das promessas e a clareza nas regras podem conquistar a confiança e a estima da equipe.

Liberal: a liderança liberal é um modelo de gerência em que os líderes dão liberdade para os seus subordinados no processo de tomada de decisão. Nessa condição, eles são continuamente incentivados a colaborar de forma direta com o desenvolvimento da empresa, ficando à vontade para criar, desenvolver e até mesmo interferir nos processos que estão em curso. Geralmente, o estilo de liderança funciona melhor com equipes experientes e entrosadas, pois nesse ambiente a figura do líder como condutor não é tão necessária e a confiança entre os envolvidos é mais elevada.

Democrática: a liderança democrática prioriza a motivação, o desenvolvimento e a comunicação da equipe para com o líder. Com olhar atento para a satisfação e para o relacionamento saudável da equipe, o líder democrático consulta as pessoas, abre conversas e interações para que o trabalho tenha fluidez e consistência, ele avalia os impactos das atividades em conjunto com a equipe, as suas habilidades e os objetivos.

A liderança democrática desenvolve as relações de trabalho além das metas para alcançar bons resultados para a empresa. Ela prioriza também o crescimento das pessoas que fazem parte dela. No seu dia a dia, o líder democrático atua de forma mais flexível, deixando a sua equipe confortável para participar dos processos de decisão.

Situacional: a liderança situacional é definida como a capacidade de adaptação de um líder diante do contexto do mercado, gerindo equipes de alto desempenho mesmo em situações de crise e com uma atuação madura, empática e analítica, usando como base a metodologia *assessment*. Um dos benefícios em aplicar esse estilo de liderança é que ela ajuda a criar times mais produtivos e engajados, já que os membros da sua equipe têm mais autonomia, mesmo que ela não apareça imediatamente. Esse tipo de cenário é muito importante para qualquer negócio, pois incentiva os membros da equipe a atingirem as metas com mais agilidade. Ela também permite que o líder da sua equipe tenha mais resultados em virtude da flexibilidade na gestão.

Líderes são aqueles que maximizam seu potencial, lapidam seus talentos e servem a humanidade com seu dom, e isso tem sido um fator determinante no seu comportamento para a formação de equipes de alta performance, sendo eles:

Líderes de equipe inspiram mais do que dirigem. Os membros da equipe se sentem inspirados por estarem em uma missão e o que eles estão fazendo é de grande importância.

Líderes de equipe resolvem conflitos e aumentam a cooperação. Nas equipes de alto desempenho, as diferenças são abordadas rápida e diretamente. Mas isso requer um nível de maturidade nos membros da equipe. Da mesma forma, quando as pessoas acreditam que são confiáveis e que outros têm suas "costas", as disputas podem ser resolvidas.

Líderes de equipe definem objetivos de estiramento. A princípio, líderes que sabem como estabelecer metas que esticam, criam uma unidade interna na equipe para conseguir o impossível. Fazer algo fora do comum, ajuda as pessoas a reconhecerem que são excepcionais e a manterem sua satisfação com o trabalho, o engajamento e o orgulho.

Líderes de equipe comunicam e comunicam a visão e a direção. É fácil para alguém se distrair ou se perder uma vez. Objetos brilhantes estão ao nosso redor e às vezes os membros da equipe são desviados de sua missão. Líderes de equipe de alto desempenho mantêm as pessoas informadas, atualizadas e focadas.

Líderes de equipe são confiáveis. Confiança é relacionamento. Construir um relacionamento positivo aumenta a confiança. Confiamos em pessoas que têm a resposta certa. Além disso, confiamos nas pessoas quando podem ajudar a resolver problemas. Use seus conhecimentos e habilidades para ajudar os outros a resolver um problema e aumentará a confiança.

Uma equipe alta de alto desempenho é construída por um líder de alto desempenho. Uma das atribuições de um líder de alto desempenho é justamente criar uma cultura de aprendizado, incentivando seus liderados a desenvolverem capacidades essenciais, como resiliência, adaptabilidade, confiança e criatividade, melhorando não só seu desempenho atual, como os preparando para novos cargos e funções.

Ao construir um ambiente de desenvolvimento contínuo, ele encoraja os profissionais a explorarem seu potencial máximo, o que faz com que busquem novos desafios e oportunidades de crescimento, enfrentando obstáculos sem medo e adaptando-se de maneira mais fácil às mudanças.

Em um mundo cada vez mais competitivo, é necessário focar no capital humano. Tendo eu trabalhado em equipe de alto desempenho e equipe de baixo desempenho, eu sei que a diferença é enorme. A vida não é boa quando você está na equipe de baixo desempenho. No entanto, essa experiência pode infectar outras partes da sua vida de forma muito negativa, por isso, a vida é boa em uma equipe de alto desempenho, e todos nós merecemos ser parte de uma.

Líder, a chama que arde no seu coração leva você para a realização.

Rosana de Carvalho

SHEILA SELES BRUNELLI

Eu me chamo Sheila Seles Brunelli, tenho 47 anos, há 23 anos estou casada com Sergio Henrique Brunelli, um apaixonado pela área de tecnologia. Juntos, temos duas preciosidades: Rafael, de 7 anos de idade e Maria Luiza, de 17 anos. Nasci em São Paulo, capital, e desde então continuo minhas histórias por aqui.

Formada em jornalismo e gestão de pessoas, sou mentora, palestrante, *master coaching*, treinadora de líderes e equipes. Há 16 anos gerencio e também treino líderes e equipes em uma organização do terceiro setor com 50 anos de história.

Apaixonada por compartilhar o que sei, em 2023 iniciei com duas amigas um lindo projeto chamado "Mulheres, que tal?". Nosso objetivo é ajudá-las a sair da procrastinação, lamentação, das muitas justificativas e começar a agir em prol dos seus objetivos.

sheila_seles

Sheila Seles Brunelli

selessheila@gmail.com

+55 (11) 98511-1864

LIDERANÇA E PERFORMANCE

33 LIDERANÇA PARTICIPATIVA E EMPODERAMENTO DE EQUIPE

Por Sheila Seles Brunelli

Napoleon Hill, no seu livro *A lei do triunfo*, fala da importância de o líder ter iniciativa e que ambos estão associados uma vez que a liderança é treinável, algo que devemos adquirir, pois não nascemos líderes. Veja, se você não nasce com essa habilidade, para se tornar líder você vai precisar aprender a ser líder, vai precisar estudar. Essa ideia de iniciar aprendendo só é possível porque confiamos em nós mesmos, às vezes sem nem termos muita certeza de que somos capazes. É a partir dessa autoconfiança que começamos a agir. Para elucidar melhor, vamos falar um pouco de autoconhecimento, ele nos ajuda a decidir nossa própria trajetória, a entender nossa característica. Para que a liderança participativa atinja seus resultados é muito importante entendermos como funcionamos, seja nosso corpo físico, pensamentos, emoções ou sentimentos.

Um ponto importante que quero destacar do autoconhecimento são as emoções pessoais e sociais. As competências pessoais lhe ajudam a se conectar consigo mesmo, é você abstraindo de si o seu melhor. As competências sociais dizem sobre o outro, como eu me conecto com as pessoas e abstraio o melhor delas.

Um passo importante para ser um líder de sucesso, é compreender as competências emocionais. Elas precisam estar equilibradas para que os processos e resultados sejam consistentes. Quando se entende como funciona as emoções e como elas são controladas, o indivíduo passa a agir na direção certa, ter mais iniciativa e ser muito mais assertivo nas suas escolhas. O controle das emoções está atrelado de fato a quem você é. Quando você se identifica, passa a ser o protagonista da sua própria história. Se entendemos que as emoções fazem parte do nosso melhor, é fundamental aprendermos a utilizá-las no momento certo, de forma consciente. O líder precisa dedicar boa parte do seu tempo aprendendo a gerenciar os medos e sentimentos para não correr o risco de desperdiçar muito tempo tentando administrar comportamentos ineficientes e improdutivos. Se permita estar em vulnerabilidade à frente da equipe, somente a técnica não é suficiente, deve haver um equilíbrio entre técnica e o próprio comportamento, pois isso favorece a conexão com o grupo.

Conhecer a si mesmo exige ainda ser autorresponsável para cuidar da própria história. Você só age de forma mais assertiva porque entendeu quem você é e o quanto pode contribuir consigo e com o outro, isso significa ser responsável em primeiro lugar por você, antes mesmo de decidir gerenciar outras pessoas. Cabe compreender, que não temos tempo para cuidar do pensamento do outro sobre a nossa vida, devemos nos ocupar em aprender a ser nossos próprios líderes e líderes de uma equipe de sucesso. Seja qual for seu modelo de aprendizagem e seu plano de ação, tenha em mente que a coragem, a eficiência, controle das emoções, a moderação, o protagonismo, a vulnerabilidade e a confiança na equipe são atitudes que, se somadas, são fundamentais para que você se sinta confiante em entregar o seu melhor primeiro como pessoa, depois atrelar ao seu desenvolvimento profissional. Se existe a responsabilidade em se preparar, se autoconhecer e ter tomada de consciência sobre as suas ações, é garantido que a liderança participativa terá êxito.

Passei por todo esse processo de autoconhecimento e aprendi a me empoderar para tomar decisões mais assertivas e ter melhor produtividade. Quero compartilhar como faço a mediação da minha atual equipe que, na sua maioria, está comigo desde 2017. Quando entrei em 2008 na organização que administro até hoje, meu primeiro passo foi buscar aprender a ser líder. Assisti a muitos vídeos, até hoje leio livros e faço cursos; o processo de aprender, já compreendi que nunca acaba. Confesso que a jornada foi bastante desafiadora, mas tinha na minha mente que precisava ser boa naquilo que decidi fazer: desenvolver pessoas. Compreendi que se entendermos as pessoas, seu comportamento, seus sonhos e objetivos é mais fácil colocá-las dentro do processo que eu, enquanto líder, estou responsável e preciso que seja executado. Na liderança participativa humanizada que está dentro da nossa organização, olhamos o outro como sujeito e procuramos enxergar além do trabalho. Cuidamos primeiro do desenvolvimento dos líderes e dos demais colaboradores, de forma a compreenderem e atuarem com autorresponsabilidade e autonomia, a fim de gerenciar sua vida pessoal e profissional de forma equilibrada, já que ambos se relacionam.

Entender a liderança participativa já pressupõe experiências de pessoas que vão decidir sobre o encaminhamento do trabalho e agir sobre eles em conjunto.

Para tanto, sou enfática em afirmar que envolve compreender a nós mesmos, cuidar da gestão da organização, compreender o outro com boa escuta, observação, mediação e ação.

Sabemos que ainda há tendências burocráticas e centralizadoras vigentes nas organizações. Os líderes acumulam funções, excesso de trabalho e, ainda, alguns são limitados, não conseguem assumir responsabilidades do seu próprio trabalho. Pode-se, no entanto, afirmar que esse modelo de trabalho não tem claro o conceito de participação. Esse processo de resistência não muda de uma hora para outra, o primeiro passo deve ser dado pelos responsáveis da organização. Eles precisam enxergar esse desejo de mudança para que se estimule um ambiente mais propício à participação. E como e quando se consegue enxergar essa necessidade? Quando o responsável opta por estimular sua consciência e aprender um novo conceito. É um processo e, como todo processo, requer tempo e aceitação. A ideia da liderança participativa é de fato empoderar as pessoas para que elas participem e compartilhem o poder. A participação em sentido pleno valoriza o envolvimento de todos, e isso contribui para devolver o compromisso das pessoas que estão mais engajadas na equipe.

Na organização que administro, um passo para assumir uma liderança participativa foi empoderar os líderes. Começamos uma jornada de aprendizado do papel do líder e da organização, utilizamos as técnicas da inteligência emocional, as ferramentas do *coaching* e, aos poucos, a equipe foi tomando consciência que dentro dessa organização elas eram ouvidas como pessoas e como profissionais e que podiam inclusive mediar sua própria equipe de forma mais autônoma, envolvendo-os nos processos de aprendizagem e na tomada de decisão, criando seus planos de ação em grupo.

Confesso que os dois primeiros anos foi de bastante aprendizado. Foi preciso gerar consciência e fazer as pessoas acreditarem nos seus próprios resultados. Hoje, essa equipe de líderes se envolve no processo organizacional, compartilha, argumenta, propõe, cria objetivos e metas, novas estratégias, administram problemas, tomam decisões administrativas e de equipe e compartilham resultados.

A iniciativa quando associada com a liderança, faz com que o líder compreenda que precisa buscar autoridade mediante quem ele se identifica de fato. Quando há essa compreensão, ele passa a assumir seu papel de mediador e as pessoas, no decorrer do processo, vão contribuindo nesse modelo de liderança; é preciso ter claro o conceito de gestão participativa que pode ser entendida como o envolvimento dos colaboradores no seu processo decisório, e isso envolve aprendizado. O líder, quando preparado emocionalmente e com boas ferramentas, consegue gerenciar a participação da equipe sendo bom ouvinte, propondo e, com isso, melhorar a qualidade do processo que demanda essa equipe. Cabe ainda compreender o conceito de gestão, como podemos gerenciar o resultado da organização e nosso próprio resultado, que também está ligado à satisfação pessoal. Sim, não se pode achar que o trabalho está desassociado dos nossos desejos. Falamos muito de autoconhecimento, quanto mais nos conhecemos mais direcionamos nossos desejos e treinamos nosso cognitivo para gerar bons resultados na função que optamos por viver. Quando eu entendi que não precisava ficar no lugar que eu não queria estar, comecei a agir. Comecei a entender que, para onde eu ia, descobri que não sabia quem eu era. Confesso que fiquei muito frustrada, mas não demorou muito e eu estava me conectando à inteligência emocional que me deu muito entendimento do que é fazer gestão da própria vida.

Pois bem, a partir daí, já na condição de líder, compreendi ainda que meu gerenciamento não combinava com o estilo de vida profissional que eu queria viver. Comecei de forma intencional a buscar uma abordagem de liderança que se aproximasse com o meu perfil, de forma que fosse adaptável a fim de gerenciar melhor meus resultados com equilíbrio. Observe que faz muito sentido com o que vivo na prática na organização que atuo até hoje.

A liderança participativa requer desejo, empoderamento, autoridade, domínio da sua própria vida e do seu papel de líder. Com esse modelo de autoridade compartilhada, ou seja, de poder dividido, é possível observar uma equipe mais satisfeita e produtiva, isso porque há um estímulo de colaboração.

Para isso, os líderes devem criar um ambiente estimulador:

- criar uma visão de compartilhamento associada às ações da equipe;
- criar objetivos e metas claras;
- valorizar a capacidade de cada participante;
- criar um plano de ação alinhado com a equipe;
- criar um ambiente agradável e positivo;
- estabelecer demanda de trabalho centrada nas ideias;
- desenvolver a prática de assumir responsabilidades em conjunto;
- desenvolver o hábito de *feedbacks* coletivos;
- promover um clima de confiança;
- criar estratégias de avaliação contínua.

A grande lição de participar da liderança é que, quanto mais nos autoconhecemos, nos tornamos excelentes líderes em administrar pessoas. Basta que tenhamos o desejo de viver aprendendo, selecionar a equipe e a estrutura organizacional adequadas para começar a trabalhar com esse modelo de liderança que requer desenvolvimento das pessoas e qualificação desse modelo de gestão, sem desprender dos princípios e valores da organização mais que moderniza a dinâmica organizacional.

Cuide de todas as suas escolhas. Não negocie sua decisão, ação e repetição.

Por Sheila Seles Brunelli

VERÔNICA SOARES

Sou Verônica Soares, 34 anos, natural de Brasília/DF, onde resido com minha família: meu esposo Tibério Freitas e meus filhos Arthur Freitas e Maria Alice Freitas. Sou farmacêutica há 12 anos e atuei liderando equipes em empresas públicas, privadas e multinacionais. Eu ensino mulheres a desenvolverem habilidades validadas por mim para atuar no mercado atual e ensino como a imagem pessoal pode ser um ativo transformador da líder com ferramentas de aplicações rápidas e práticas.

Eu acredito que uma líder de sucesso precisa usar a sua imagem pessoal para ser vista como autoridade na sua área. Estudei muito sobre desenvolvimento pessoal, mercado de trabalho e consultoria de imagem.

Liderar não é fácil, mas pode ser prazeroso, e por isso hoje eu ensino qualquer mulher a se tornar uma líder.

veronicasoares89

draveronicasoares

Verônica Soares

veronicas.soares@hotmail.com

(61) 99336-9869

34 ESTRATÉGIAS DE LIDERANÇA EM TEMPOS DE MUDANÇA

Por Verônica Soares

Mudança, uma palavra temida e que pode desestabilizar qualquer pessoa. Escrever este capítulo me faz relembrar toda a minha vida. Desde a infância, as mudanças de casa foram muito presentes e constantes por quase 15 anos, e hoje eu percebo que as pessoas temem a mudança quando são propostas no ambiente de trabalho e, na maioria das vezes, porque o novo assusta. Analisando as minhas mais de 10 mudanças em menos de 15 anos, vejo claramente que elas não eram para melhor. Quando eu e os meus irmãos provavelmente acostumávamos com o nosso novo lar, lá vinha outra mudança; era uma rotina, mas nós não podíamos opinar, éramos crianças e precisávamos nos adaptar. Talvez a minha história seja a de muitas pessoas, e comigo não podia ser diferente, eu fiz do limão uma limonada e agora tenho 12 anos no mercado de trabalho liderando pessoas e vivendo os processos de mudança da forma mais leve possível com a minha equipe. Aquela garotinha que se mudava sempre, virou a agente de mudança na vida do outro. Eu estudei muito sobre liderança, mas sobre enfrentar uma mudança e colher os louros, aprendi com a vida.

Liderar uma equipe pode ser desafiador e difícil, mas com as ferramentas certas podemos nos tornar líderes que inspiram uma equipe. No processo de liderança, muitos são os desafios, enfrentar mudanças na rotina, nas metas, no propósito e até mesmo na infraestrutura pode ser um balde de água fria na equipe, e a questão é: como liderar uma mudança sem que eu desestabilize a minha equipe e ainda consiga o apoio total deles? Não existe fórmula mágica, se é o que estamos buscando, mas existem sim habilidades que podem ser treinadas e adquiridas.

Uma equipe engajada e disposta a viver uma missão, aceita ser guiada por um líder que tenha uma rota definida e um plano com possibilidade de sucesso. Parece fácil quando falamos e tão complicado quando vamos colocar em prática. Os motivos que podem levar uma mudança ao fracasso são inúmeros, começando pela insegurança do líder, diversas personalidades e temperamentos dos liderados. Aqui, você aprenderá a enfrentar uma mudança no seu contexto e ainda finalizar com o total apoio e admiração da sua equipe.

Ser um líder em tempos de mudanças é um desafio que precisa de atenção para o momento, é preciso avaliar todo o contexto das pessoas envolvidas. Eu nunca tinha pensando isoladamente sobre o que eu fazia quando uma mudança era apresentada para mim e que eu precisava envolver os colaboradores, até que um dia, em uma entrevista de emprego que era o meu sonho, durante a dinâmica de grupo, tínhamos que escolher um carta com uma pergunta, e a minha foi: "Como você apresentaria uma mudança para a sua equipe sem causar um impacto negativo?" Eu não pensei muito e respondi: "Começo sempre contando as vantagens e os benefícios da mudança, pois as pessoas não estão preocupadas com a mudança, mas o que elas vão ganhar ou perder. Elas só precisam de um líder que vai guiá-las com um plano executável e com possibilidades de sucesso", e, claro, fui aprovada na entrevista. Todas as vezes que eu precisei apresentar uma mudança para a minha equipe, mostrei as vantagens da mudança e todos os benefícios para a equipe. Eu pesquisava os mínimos detalhes: se era para mudar a forma de dispensar medicamentos para os pacientes, eu mostrava como seria mais prático e como eles ganhariam tempo; e se era uma mudança de local, eu já trazia a lista de restaurantes perto e a rota de trânsito simplificada; eu via o olho deles brilhar com a ideia da mudança. As pessoas precisam de um líder que seja o seu aliado, que esteja ali como um suporte; o líder precisa dizer: EU ESTOU AQUI COM VOCÊ.

E claro, também já tive experiências muito ruins, quando eu era farmacêutica em um grande hospital e eu não liderava uma equipe. Um belo dia, recebemos a notícia que teríamos uma grande mudança de local de armazenamento, todos os profissionais ficaram ansiosos, a data se aproximava, mas a nossa líder não nos dava detalhes, não sabíamos como aconteceria, nem a data, tudo que ela dizia era que havia um plano e estava tudo sob controle. Ali eu vi o caos se instalando, profissionais sem saber como cuidar do seu estoque, sem saber como os termolábeis seriam transportados, ninguém sabia nada. No meio do desespero, eu pedi uma reunião da gestora com a equipe, e, depois de recusar muito, ela precisou aceitar. A reunião foi um desastre, cada profissional tinha inúmeras perguntas com particularidades diferentes e não tínhamos respostas, a reunião acabou, sem resposta, sem solução e ainda com muita frustração. Não tinha apoio, as vantagens não foram expostas, o plano não atendia as necessidades e tudo apresentava risco em todos os sentidos.

O dia da temida mudança chegou, após o almoço de um dia qualquer, algumas pessoas foram escolhidas a dedo para mudar e um carro pequeno saiu com os computadores no banco e os fios amarrados, e cada um dos escolhidos achou uma caixa, colocou os pertences dentro e saiu com a caixa na mão rumo ao novo destino. Isso foi de longe um dos episódios mais tristes que eu vi na minha carreira. Profissionais ansiosos, perdidos, frustrados e uma gestora imatura que não soube aplicar e desenvolver as habilidades de liderança. Um líder precisa ter empatia em primeiro lugar, e não é tudo sobre empatia, é preciso ser vulnerável quando a situação pede. O líder também pode ter medo, ficar inseguro, mas ele precisa sempre ser verdadeiro com a sua equipe. A única coisa que o líder não pode é agir por impulso, sem ter estratégias. Devemos lembrar também que não há somente um jeito certo de fazer as coisas, ouvir os colaboradores é importante, saber suas angústias e as experiências que o grupo já viveu pode ajudar a pontuar os possíveis erros e acertos, afinal, o líder não é o dono da verdade.

Mas esse episódio nunca acontecerá com você, este livro é um guia de como adquirir a performance de liderança de sucesso. Estamos vivendo uma era de mudanças, que tudo acontece muito rápido e nem dá tempo de aplicar o que aprendemos. Mas uma coisa é fato, após a pandemia, o mercado mudou, tudo acontece muito rápido e as prioridades das pessoas também mudaram, e o líder precisa acompanhar essa mudança para obter resultados acima da média. Hoje, a mudança mais revolucionária que temos é o *home office*, e é muito desafiador gerenciar o tempo de um colaborador que está longe dos seus olhos, não é verdade? Para você conduzir uma equipe, precisará de organização, paciência, reconhecer os problemas, inspirar e motivar a equipe, e isso deve ser primordial. Você deve estar se perguntando como fazer isso, mas eu vou lhe guiar nesse processo.

A comunicação agora é a principal habilidade do líder. Delegar com clareza, alinhar os objetivos claramente junto com a equipe e individualmente com cada colaborador, estabelecer os dias e horários de contato para avaliação dos resultados; nunca os *feedbacks* foram tão importantes como agora. Com uma comunicação assertiva é hora de focar nos problemas que precisam de solução, quais soluções e qual prazo a tarefa deverá ser realizada. Nesse novo formato de trabalho, o líder precisa aprender a delegar e deixar de ser o executor da tarefa. As conversas difíceis vão acontecer e, para que tudo aconteça de forma harmônica, a cultura e as normas da empresa precisam ser conhecidas por todos os colaboradores, pois aqui, a facilidade de se desviar do trabalho é mais fácil acontecer, afinal, em casa temos muitas distrações.

O profissional que lidera ou deseja liderar uma equipe, precisa estar conectado com todas as mudanças ao seu redor. Se posicionar como líder para enfrentar os tempos de mudança é primordial para um líder que deseja ter sucesso. Você precisa mudar a sua mentalidade para estar sempre alinhado com o seu propósito e, para não se perder no dia a dia, no convívio com pessoas de diferentes personalidades, o líder precisa estar pronto para servir as necessidades de sua equipe em níveis diferentes de acordo com a necessidade de cada colaborador. Se posicionar também é buscar ser visto como autoridade pela sua equipe, às vezes será necessário mudar sua imagem pessoal, a forma como você se apresenta e como anda a sua comunicação não verbal. Muitas vezes, a nossa imagem fala mais do que qualquer palavra, a sua imagem importa.

As estratégias para liderar uma equipe, principalmente quando envolve mudanças, precisam ser muito alinhadas e é preciso que o líder esteja disposto a servir, a ouvir e entender as dificuldades que os envolvidos estão passando no momento, principalmente as emocionais. Uma mudança costuma ser um deserto, e todos precisam atravessar juntos, o processo precisa ser vivido, no final o resultado sempre será prazeroso, pois uma equipe que se desafia junto, cresce junto.

Se você é um líder e está passando por períodos de mudanças, precisa ter coragem para fazer o que for preciso; quando não for possível controlar um resultado, o líder faz o que precisa ser feito, ele não fica esperando as coisas acontecerem. Em tempos de mudanças, a confiança é o principal aliado de uma equipe, pois todos precisam confiar no líder. Às vezes, pensamos que ser vulnerável nos tornará fraco diante dos colaboradores, mas o efeito é o contrário, a vulnerabilidade gera a confiança e as conexões.

Mudanças sempre serão necessárias, rupturas precisarão acontecer durante os processos, o líder que aprende a servir e que confia no seu potencial sempre será bem-sucedido. Este é o segredo de tantos líderes de sucesso: desenvolver habilidades, criar um ambiente seguro para os colaboradores se sentirem ouvidos e acolhidos e usar técnicas e estratégias que inspiram as pessoas a sua volta.

Nunca se esqueça: uma mudança de uma casa para o tão sonhado lar requer planejamento e estratégia, além de fazer uma bagunça danada. Encaixotar tudo e depois desencaixotar para colocar as coisas no lugar, assim é o nosso processo de liderar em tempos de mudanças, às vezes é preciso bagunçar para sair da zona de conforto e depois colocar tudo e todos no lugar para somente depois vivermos o extraordinário.

Uma mudança costuma ser um deserto, e todos precisam atravessar juntos; o processo precisa ser vivido por todos.

Verônica Soares

VERUSKA GALVÃO

Sou Veruska Galvão, natural de Nova Andradina/MS e resido no interior do estado de São Paulo com meu esposo. Sou empresária, psicóloga organizacional, *coach* executiva, escritora, *Master Trainer*, palestrante e fundadora da Akademia de Transformação Organizacional. Atuo há mais de 20 anos no desenvolvimento de indivíduos, times, líderes e profissionais de RH no Brasil e em países da América Latina.

Também sou professora em cursos de graduação, pós-graduação e MBA, além de criar e comercializar os meus próprios cursos e formações, acumulando mais de 20 anos na educação de milhares de profissionais.

Venho de uma família de mulheres fortes e batalhadoras e com elas aprendi a superar os desafios inerentes à vida, acreditando que o trabalho dignifica a jornada de qualquer pessoa.

veruskagalvao

falecom@veruskagalvao.com

transformacaoorganizacional

Veruska Galvão

Veruska Galvão

Assessora Giovanna Bacchi: (11) 94508-0505

35 LIDERANÇA TRANSFORMACIONAL: A NOVA LIDERANÇA

Por Veruska Galvão

Não é de hoje que o tema liderança me provoca reflexões e até mesmo preocupações. Desde cedo me reconheci como líder de pessoas – na escola, na igreja, na comunidade, entre amigos e desde o início da minha carreira profissional. Talvez por esse motivo eu tenha escolhido me graduar em psicologia e me especializar em psicologia organizacional, área que estuda o comportamento humano no trabalho.

Uma vez inserida no mercado, passei a conviver e me relacionar no trabalho com profissionais que ocupavam posições de liderança, mas que raramente tinham comportamentos que justificassem essa posição.

Conforme fui evoluindo na minha carreira, exercendo papéis de liderança nas organizações por onde passei, isso ficou ainda mais evidente. **Comecei a entender a diferença entre chefes e líderes.**

Os chefes dificilmente demonstravam empatia, habilidades de relacionamento interpessoal, sensibilidade social, comunicação assertiva, escuta ativa, *feedback*, conversas produtivas, habilidade para gerir conflitos produtivos e muito menos a capacidade de desenvolver as pessoas que estavam sob a sua gestão.

Enquanto os líderes se destacavam por possuírem e desenvolverem essas mesmas habilidades que faltavam nos chefes. Embora a principal justificativa para os chefes atuarem assim fosse a busca pelos resultados e pela alta performance, essa postura tinha exatamente o efeito contrário: falta de engajamento, colaboradores esgotados, equipes desunidas, falta de clareza sobre papéis, falta de propósito, falta de confiança, sentimento de insuficiência, ambiente de trabalho regido pelo medo e pela insegurança (o velho "manda quem pode, obedece quem tem juízo"), além do aumento constante de absenteísmo, *turnover* e adoecimentos e, com isso, resultados medianos e insustentáveis. Mas sabe o que é o pior? Eles não tinham consciência do efeito que seus comportamentos causavam nas pessoas ao redor.

Em pouco tempo atuando como líder de equipes e apoiando outros líderes no seu processo de desenvolvimento, entendi que uma nova liderança precisava emergir nas organizações.

Empresas são organismos vivos constituídos por pessoas. Porém, pessoas não se conectam nem se engajam com empresas. Pessoas se conectam e se engajam com pessoas. E as pessoas responsáveis para fazer esse engajamento acontecer são as lideranças. E o mundo do trabalho mudou.

Até alguns anos atrás vivíamos no mundo VUCA:

Volatile - Volátil
Uncertain - Incerto
Complex - Complexo
Ambiguous - Ambíguo

No entanto, essa definição tornou-se obsoleta. Hoje vivemos no mundo BANI:

Brittle - Frágil
Ansious - Ansioso
Non-linear – Não linear
Incomprehensible - Incompreensível

O mundo BANI descreve a situação atual de um mundo pós-pandemia, abordando o estado emocional e as perspectivas desse novo mundo em que vivemos e que a próxima geração de negócios viverá.

E o que fará a diferença para os resultados organizacionais é a liderança transformacional.

A liderança transformacional é o estilo de liderança ideal para os desafios que já estamos enfrentando e que enfrentaremos nas próximas décadas. Porém, poucos conhecem este estilo de liderança que é fundamental para inspirar mudanças, gerar inovações, promover ambientes de trabalho mais saudáveis para as diversas gerações e desenvolver profissionais que alcancem sucesso em suas atividades.

Líderes transformacionais não estão apenas preocupados e envolvidos no processo, mas também genuinamente interessados e focados no desenvolvimento das pessoas, em ajudar cada profissional a ter sucesso, assumindo o controle das situações, transmitindo uma visão clara dos objetivos da organização e do time. Esses líderes têm paixão pelo trabalho e capacidade de fazer com que o seu time se sinta energizado.

Os líderes transformacionais concentram-se em ajudar os membros do time a se apoiarem mutuamente e a fornecer-lhes a orientação e inspiração necessária para terem um bom desempenho, permanecendo engajados.

O conceito de liderança transformacional foi inicialmente introduzido pelo especialista em liderança e biógrafo presidencial James MacGregor Burns. De acordo com Burns, a liderança transformacional pode ser vista quando "líderes e liderados fazem uns aos outros avançarem para um nível mais elevado de moral e motivação".

O pesquisador Bernard M. Bass expandiu as ideias originais de Burns para desenvolver o que hoje é conhecido como Teoria da Liderança Transformacional de Bass. Segundo Bass, a liderança transformacional pode ser definida com base no impacto que tem sobre os liderados. Os líderes transformacionais, segundo Bass, conquistam a confiança, o respeito e a admiração de seus liderados.

Características da liderança transformacional

Alguns traços típicos na liderança transformacional são:

- capacidade de encorajar outras pessoas a se comunicarem;
- escuta ativa;
- adaptabilidade;
- autenticidade;
- genuinidade;
- criatividade;
- inteligência emocional e social;
- sensibilidade social;
- mente aberta;
- habilidade de solucionar problemas proativamente;
- apoio;
- autorresponsabilidade e disposição para assumir riscos;
- autenticidade;
- autoconsciência;
- humildade situacional;
- colaboração e interdependência.

Exemplos de líderes transformacionais:

Oprah Winfrey é famosa por seu estilo de liderança carismático, visionário e inspirador;

Steve Jobs era famoso por sua liderança visionária que transformou a Apple em líder na indústria de tecnologia;

Nelson Mandela, o ex-presidente da África do Sul, era famoso pela sua autenticidade inspiradora e seu jeito genuíno de servir.

Resultados esperados da liderança transformacional

Líderes transformacionais não só incentivam pessoas a superar obstáculos e atingir resultados excepcionais, mas também cultivam neles o espírito de liderança. Os líderes transformacionais são capazes de conseguir isso porque estimulam a comunicação e as perguntas entre os membros do time e respondem sempre com a finalidade de obter resultados por meio da compreensão e do desenvolvimento. Assim, a mágica acontece: os objetivos de cada indivíduo ficam alinhados com o propósito do time a fim de que o sucesso de cada profissional promova os resultados da organização.

De forma pragmática, os efeitos que esse estilo de liderança pode ter sobre o time e a organização incluem:

- **Melhor desempenho**: pessoas lideradas por líderes transformacionais têm um melhor desempenho e maior satisfação no trabalho do que aqueles que estão em times com outros estilos de liderança.
- **Melhor bem-estar**: os profissionais que identificaram a liderança transformacional nos seus líderes também relataram níveis mais elevados de bem-estar. O efeito se manteve mesmo depois que os pesquisadores controlaram fatores ligados ao bem-estar, como tensão no trabalho, instrução e idade.
- **Senso de empoderamento**: líderes transformacionais acreditam que seus liderados podem dar o melhor de si, levando-os a se sentirem inspirados e capacitados.

Como desenvolver a liderança transformacional

Tornar-se um líder transformacional pode trazer muitos benefícios para toda a organização, especialmente em tempos em que a transformação e a inovação são imprescindíveis.

Adquirir habilidades de comunicação, como resolver conflitos e reconhecer as necessidades dos colaboradores são partes importantes da liderança transformacional. Programas de desenvolvimento da liderança transformacional podem servir como parte essencial dos esforços de promoção da saúde no trabalho para ajudar a melhorar o bem-estar dos colaboradores.

Como se tornar um líder mais transformacional?

Desenvolva uma visão de futuro potente e positiva, de modo que não apenas você acredite nela, mas também consiga inspirar e mobilizar os outros a abraçarem essa visão e a trabalharem juntos para realizá-la.

Uma forma de desenvolver esse estilo de liderança é guiando-se pelos quatro componentes da liderança transformacional, conhecidos como os "4 I's":

1. **Influência Idealizada** (II): seja modelo para seus liderados, o líder não apenas fala, mas faz o que fala e é admirado por isso.

2. **Motivação Inspiradora** (MI): tenha a capacidade de inspirar e motivar seus liderados. A combinação desses dois primeiros I's constitui o carisma do líder transformacional.
3. **Consideração Individualizada** (CI): demonstre preocupação genuína com as necessidades e sentimentos dos liderados. Essa atenção pessoal a cada liderado é um elemento-chave para apreciar seus esforços.
4. **Estimulação Intelectual** (EI): desafie seus liderados a serem inovadores e criativos. Um equívoco comum é acreditar que líderes transformacionais são "bonzinhos", mas a verdade é que estes líderes desafiam constantemente seus times a níveis mais elevados de desempenho. Líderes transformacionais se concentram e se ocupam com as pessoas, suas necessidades e seu desenvolvimento pessoal, pois sabem que o alto desempenho é resultado de um ambiente com conexões e relações humanas de alta qualidade.

Dito isso, quero convidar você para uma autorreflexão. Responda abaixo com "concordo" ou "discordo" e veja se possui características da liderança transformacional.

1. Eu nunca exijo que um liderado faça algo que eu mesmo não faria.
2. Meus liderados sabem o que eu defendo.
3. Inspirar outras pessoas sempre foi fácil para mim.
4. Meus liderados me dizem que meu entusiasmo e minha energia são contagiantes.
5. Meus liderados dizem que sou muito atento às suas necessidades e preocupações.
6. Mesmo que eu saiba realizar uma tarefa facilmente, eu a delego para expandir as habilidades de meus liderados.
7. A criatividade e a inovação da equipe são as chaves para o sucesso.
8. Encorajo meus liderados a questionarem sua maneira de pensar.

(1 e 2 = II; 3 e 4 = MI; 5 e 6 = CI; 7 e 8 = EI)

Referências bibliográficas:

BERNARD, M. Bass; RONALD, E. Riggio. *Transformational Leadership*: A Comprehensive Review of Theory and Research, 2 ed., Erlbaum, 2006.

CHOI, S. L.; GOH, C. F.; ADAM, M. B.; TAN, O. K. Transformational leadership, empowerment, and job satisfaction: the mediating role of employee empowerment. *Human Resources for Health*, 2016.

JACOBS, C.; PFAFF, H.; LEHNER, B.; et al. The influence of transformational leadership on employee well-being: Results from a survey of companies in the information and communication technology sector in Germany. *Journal of Occupational and Environmental Medicine*, 2013.

RONALD, E. Riggio. Are you a transformational leader? *Psychology Today*, 24 mar. 2009. Disponível em: https://www.psychologytoday.com/intl/blog/cutting-edge-leadership/200903/are-you-a-transformational-leader. Acesso em: 08 mar. 2024.

Pessoas não se engajam com empresas. Pessoas se engajam com pessoas.

Veruska Galvão